달관한
시지프스

달관한 시지프스

문학공원 기획시선 14

정소진 시집

문학공원

자서

우체국에서 내 책을 부치는 꿈을 실현하다

가을이 토실토실 알차게도 영글었습니다.

결실의 계절에 동참하는 마음으로 어렵게 용기를 냈습니다. 등단 15년 만에 첫 시집을 냅니다. 설레는 마음보다 쑥스럽고 부끄러운 마음이 더 앞섭니다. 그러나 더는 망설일 수 없다는 생각이 들게 하는 것은 저의 십이간지가 다섯 번을 돌아서 제자리로 왔기 때문입니다. 믿어지지 않지만 제가 어느 새 회갑나이가 되었다는 얘기가 되는군요. 살아오는 동안 제가 받은 여러 고마운 일들에 대한 보답도 해야할 것 같아서요. 특히 엄청나게 진 '책 빚'을 갚아야 도리일 것 같습니다. 나이도 나이지만 암투병을 하고 있는 처지라 더는 망설이고 있을 수만은 없을 것 같습니다.

막상 제 이름 새긴 시집을 내려고 마음먹으니 시인이란 이름이 버겁고 가당찮다는 생각도 듭니다. 문학을 전공하지 않았기 때문일 것입니다. 어느 분께 시를 배웠냐는 질문을 받곤 할 때, 제겐 문학의 스승이 따로 없다고 대답하면서 살짝 기가 죽지만 사실은 자연의 소리를 비롯한 주위의 모든 사연들이 스승이며 모든 인연 또한 스승입니다.

김남조 선생의 시와 수필을 읽으면서 감성을 키웠고 늦은 나이에 등단한 박완서 선생을 닮고 싶었습니다.

결혼 전에 서울 갈현동에서 채소가게를 하던 오라버니를 잠시 도운 적이 있는데 단골 고객 중에 흑인처럼 심한 곱슬머리 아가씨가 특히 자주 왔습니다. 하루는 우체국에 같이 좀 가달라고 해서 갔어요. 책을 여기저기 등기로 보내더군요. 소설가 김지연 선생댁의 가사를 돕는 아가씨였던 겁니다. 선생의 신작소설이 나와서 지인들에게 보내는 중이었지요. 신선한 충격을 받았습니다. 언젠가는 나도 내 책을 부치러 우체국에 갈지도 모른다는 꿈을 꾸기 시작했습니다.

장르는 다르지만 박완서 선생처럼 늦은 등단을 했고 생활전반에서 시를 얻습니다. 풍부한 스토리로 재미있는 시를 쓰고 싶은데 써놓고 보면 제 시는 무겁습니다. 해학적으로 풀어내고 싶은 마음과는 달리 슬픔이 묻어있다는 평을 듣게 되는군요.

쓴다고 썼지만 마음에 차는 시가 없는 것 같아 책으로 만든다는 생각은 아예 하지도 않았는데 문학공원 대표이자 스토리문학의 발행인, 김순진 시인께서 큰 선물을 주셨네요. 우체국에 가서 내 책을 부치는 갈현동, 그때의 꿈을 이루게 되었습니다. 감사합니다.

가을 열매처럼 또록또록 영근 시는 아니지만 진솔한 삶의 모습이니 아름다이 봐주시길 바랍니다. 물론 소설만큼이나 허구를 섞기도 했지만 말입니다.

행복하고 화려한 가을 즐기십시오.

2016. 11.

정 소 진 드림

CONTENTS

1부. 풀어주다

2부. 추억의 정의

3부. 부부의 연민

4부. 만남과 이별의 이중주

5부. 그때 나는 웃었지요

6부. 가을 대화

7부. 바람의 각도

1부
풀어주다

봄비

너를 능가할 연애선수 아마 없지 싶다
경직된 여인의 몸을 안심시키듯
요란하게도 아니고 강하게도 아니고
낮은 목소리로 불러내는 맑은 환희
굳은 마음 푸는 일쯤이야 식은 죽 먹기지
속속들이 놓치지 않는 달달한 애무로
얼어붙어 쌩한 고집마저 녹이는 솜씨 좀 보라지

네가 일으켜 세우는 저, 저 상큼한 연애세포들
너 다녀간 곳곳마다 새 생명 파릇하다

달의 애인

너를 이야기할 때
언제나 처음처럼 두근거린다
이슬은 너를 씻고
달빛이 고요히 너를 취하면
수줍음으로 한결 고운 달맞이꽃

여린 마음으로 님 맞는 너를 보며
달과 이슬과 너의 합일에 취하다가
조이는 가슴 애잔함이 깊어지기에
짐짓 네 속에 숨은
첫사랑의 숨결을 찾아낸다

삼휴정 옥매화

– 영일정 씨 삼휴정 화수회 축시

아랫귀미 중간쯤에 높은 기와집이 있었지요
깊은 마당에 팔작지붕이 멋들어진 궁궐 같은 집
아름드리 기둥과 난간은 얼마나 웅장했는지요
양쪽 모서리의 자리는 마치 용상 같았어요
586번지에 살던 쪼맨한 여아의 즐거운 놀이터
그저 빈집인 줄 알았던 그곳이 삼휴공 할배의 정자였대요

동편 옆문으로 들어가면 담 밑에 옥매화가 반겼어요
양떼구름같이 탐스러운 꽃송이가 목화처럼 부풀었지요
선비의 기품인듯 유난히 크고 복스러운 가지 셋
그땐 몰랐지만 할배의 세 자제분을 상징했을까요
옥양목보다 더 곱고 하얀 꽃들과 어울려
쪼맨한 여아는 행복한 계절을 보냈답니다

꽃피는 좋은 때에 꽃을 즐기시다
꽃이 지면 다음 꽃필 때까지 쉬신 할배요
올봄에도 옥매화는 여전히 탐스럽습니다
꽃과 자연을 사랑하시는 할배의 마음을
저희 자손들도 감사히 물려받았으니 아름다움입니다

밝고 좋은 밤하늘의 달과 함께 즐기시다
그달이 기울면 다시 달 뜰 때까지 쉬신 할배요
환한 달을 보며 할배의 고매하신 성품을 그리다가
낭만과 서정의 그림자를 만나니 큰 기쁨입니다

한가한 가운데 술을 얻어 즐기시다
그 술이 다 되면 다음 술 생길 때까지 쉬신 할배요
시를 쓰시고 풍류를 즐기신 그 신명을 생각하면
절로 흥겨워지니 천상 할배의 후손인가 봅니다

할배요
옥매화가 아무리 아름답고 탐스러워도 사람꽃만 하겠나이까
조상 섬기기를 최고의 덕목으로 삼고
화목과 단합으로 한자리에 모인 후손들
화기애애하여 조상님을 기리오니
좋은 봄날 꽃을 보시듯이 어여삐 여기소서
이 자리에 부디 함께하시어 흥을 돋우어 주시고
삼휴정 화수회의 무궁한 발전과 영원히 이어감을 살펴주소서

얼레지, 인터넷 유머로 해명하다

첩첩산중에서 살던 나 얼레지는
그때 도시 나들이가 처음이었죠
낯선 세상, 심하게 멀미를 앓았어요
아예 넋을 놓고 다녔답니다
갑자기 나타난 사내가 손목을 잡아끌더군요
이글이글 타오르는 사내의 눈빛에서
뭔지 모를 위험을 인지했지만
우악스레 잡힌 손 빼기가 쉽지 않았어요
단순한 꾀를 생각해냈어요 속더라구요
자진해서 치마를 올리고 사내에게 애원했지요
"아저씨! 제발 바지 좀 내려 주세요"
발목까지 바지를 내리는 사내의 급한 손길은
마치 사냥감 시식 직전의 야수 같았어요
얼마나 죽을힘을 다해서 뛰었을까요
올린 치마 단단히 움켜쥔 것밖에 생각나지 않아요
정신 차려보니 내가 살던 원래의 산골이던 걸요
작은 소리에도 그날의 악몽이 살아나요
그래서 올린 치마 내리지도 못하겠는데
바람난 여인이라구요?
건달이 침을 뱉듯 말을 함부로 뱉으시네요
편견은 오해를 낳고 오해는 대상을 우습게 만들죠
동물적인 연상은 소유욕에 불을 지르나 봐요
봄만 되면 치마 속으로 카메라를 들이대는

그 상습적인 음흉스런 눈길 거두어 가라니까요
연상을 하려거든 비상하는 새 정도는 떠올려 주시지!
그래요 나의 미모를 질투하는 거라면 용서할게요

개망초, 한을 풀다

자갈밭이면 어때
청석 쪼가리 지천이어도 가리지 않아
틈만 보이면 무리 지어 꽃을 피운다네
가난했던 시절 굶주린 아이들과
아이 같은 시인들은
계란꽃이라 내 이름 잘못 불렀어도
언어의 성찬에 주역으로 앉아보니
영역 넓혀가며 세력을 키우는 일이
이렇게 자랑스러울 수가 없네 그려
그래 봤자 두어 해 만에 끝날 생애지만
들여다볼수록 예쁜 얼굴
뿌리내릴 한 줌의 흙만 있어도
견고하고 차진 인연을 키운다네

농심이 떠나 버려진 땅
망조 든 자리에 산다 하여 이름마저 망초
그것도 모자라 '개'를 앞세워 모욕을 덧씌우고
무법자네 침입자네 또는 첩년이네
억장 무너지는 모멸감에 흐느끼는 나의 한을
생각 맑은 시인들이 고운 언어로 위로하기에
세상과 화해하는 나의 이름은 개망초꽃
척박한 땅의 인기 많은 애교쟁이

부용의 기다림

한여름, 잡초 무성한 도로변에 서 있어요
목메게 기다리는 님이 있어
폭염도 무서운 줄 모르겠어요

절망의 꼭대기에 서게 된다면
미련 없이 물속에라도 뛰어들도록
강 언덕을 초조하게 서성이는 거예요
차들의 매연, 무심한 먼지 다 마시지만
꼭 오실 님이 있기에 나는 청초해야 해요

무궁화니 접시꽃이니
내 이름 함부로 바꾸지 마셔요
기생으로 살아야 했던 전생에도
내 이름 더럽힐 일은 하지 않았어요
님 향한 내 사랑 태양보다 뜨거웠고
님 향한 일편단심 강물도 울렸어요
내게서 섬세하고 미묘한 아름다움 발견했다면
뙤약볕 속의 간절한 연가 부디 들어주세요

립스틱 물매화

고작 세 살 터울 누나면서
마음은 엄마인 척 업고 다니다가
가끔 약 올리자 우는 날 잦아지더니
얼굴에 열꽃 만발한 동생
홍역으로 엄마 등에서 숨이 멎었고
동생이 덮고 자던 검정 담요에 싸서 아버지
애장골에 묻고 오셨는지 한동안 넋을 놓으셨다
그 밤 나를 안은 팔에 힘을 주는 엄마의
절제된 울음이 자꾸 가슴을 두드렸다

정수리에서 흐르는 땀이
수증기로 증발하던 그해 여름
말로만 듣던 애장골 찾아
엄마 몰래 뒷산을 올랐다
험한 바윗길에서 발가락 다치고
무릎에 맺힌 피 땀처럼 흘러도
싸리소쿠리 덮인 애장 돌무덤 찾아
아픔도 무서움도 잊고 골짜기를 헤매는데
축축한 이끼로 뒤덮인 바위산 곳곳에

길다란 줄기에 작고 하얀 꽃이 지천이다
열꽃 점점이 박힌 동생의 창백한 얼굴 닮은 꽃
무덤에 놓으려 줄기째 쑥쑥 뽑았지만

끝내 무덤 찾지 못하고 내 품에 안긴 채
동생의 주검처럼 축 늘어진 한 아름 물매화

신분 차별花

네 살 큰아이 걸리고 두 살 작은아이 등에 업고
날마다 동네를 허대던 젊은 날에
가다 보니 멀리까지 간 어느 낯선 동네
처음 보는 꽃이 있어 오래 머물렀다
나팔꽃이라 하기엔 색깔이 낯선데
내가 세 든 변두리에선 찾아 볼 수 없는
필시 부자들만 삶직한 곳에서
궁금증이 무리지어 담장을 넘었다

어느 토요일이었던가
정체가 궁금해서 죽을 뻔한 낯선 그 꽃이
영남일보 주말판에 흐드러졌다
궁녀의 기다림에 한 맺힌 꽃이라는 설명에는
전설이 흔히 그런 거려니 관심이 없었고
능소화 양반꽃 자위 금등화….
많은 이름만큼 양반의 권세가 기세등등하다

몰래 키우다가 들킨 신분 낮은 이들의
곤장 맞아 튀긴 핏방울에 물들었지 아마
체면 지키려고 지더라도 흩어지지 않고
송이 째 똑 떨어져 퍼런 서슬 누그러지지 않는
갈고리 모양 꽃술로 위협도 불사하는 꽃
경제적 능력이 반상을 결정한다는 현대에

송곳 꽂을만한 땅도 없는 사람에겐
양반꽃이 이층 지붕까지 뻗어 오르는
대지 넓은 주택 그 부러운 눈길만 주황색이다

북향화 순애보

쓰고 또 써도 이 애절한 사연, 당신에겐 닿지 않겠지요
상관없어요 아무래도 좋아요
떨리는 손으로 시시각각 간절히 나의 연모를 적습니다
당신에게로 향하는 이 마음 어쩔 수가 없는 걸요
이다지도 눈물겨운 외사랑은
날이 갈수록 북쪽을 향하네요
그대 향한 사모가 깊어질수록 시름도 깊어가요

기어코 죽기를 각오하고 오늘은 당신을 찾아 나섰어요
사나운 북풍을 만나도 견딜 수 있어요
당신은 북쪽 바다의 신
억센 바람도 능히 다스릴 테니까요
기다려 줘요, 만나 줘요, 나의 사랑받아 줘요

몇 날 몇 밤을 그렇게 믿고 달려왔는데
아! 내가 당신을 사랑하면 누군가가 아프겠군요
어떤 난관도 극복할 수 있지만
나의 사랑을 얻으려고 그건 안 될 일이지요
몰랐어요, 당신에게 아내가 있다는 사실을요

당신 향한 이 마음 돌이킬 수도 없으니
차라리 죽음을 택하겠어요

죽어서도 나는 당신만 바라볼 거예요
당신만을, 당신만을, 당신 계신 곳만을…

등꽃 밸리

환상적인 의상에 화려한 외모만 본다면
도도하고 자긍심이 대단한 스타 같아서
웬만한 무대에선 공연 사절일 것 같지만
등꽃은 관중을 차별하지 않는다
1인 관중 앞에서도 단체관중 앞에서도
최선을 다하는 프로 댄서 등꽃
꽃말이 그러하듯 모두를 환영하며
때론 사랑의 결합을 돕기도 하지

꼿발[1)]로 부르는 온몸의 노래가
계산 오거리 벤치에서
묵주 든 할머니에겐 신실한 기도가 되고
금호강 둔치, 운동 삼매경인 모자와 마스크
러닝셔츠 자전거 배드민턴이며 축구공
축구공 같은 대머리 아저씨들이 북적이는
그곳에서는 활기찬 생의 리듬이 된다
치렁치렁 일생의 혼을 다 바치는 벨리댄스
그 보랏빛 황홀한 나라, 꿈속의 환희 같은

1) 까치발의 방언

풀꽃, 풀 꽃

1.
내 키는 작으니 낮은 곳 보기 좋다
늘 다니는 골목길에 봄비 다녀가자
마른풀 사이로 전에 없던 꽃이 보인다
납작 땅에 붙어 보일락 말락 자그마한 풀꽃
나태주 선생께선 자세히 보아야 예쁜 그 꽃이
내 눈엔 친근해서 보자마자 예쁘다
작은 존재끼리의 친밀한 소통인 셈이다
그 풀꽃 옆에 나도 숨겼던 꽃 하나를 보탠다
자격지심의 사슬을 과감히 끊어버리고
스스로 옭아매던 자신감, 편안하게 풀 꽃

2.
굳게 닫혔던 그 집의 문이 열렸다
한집에서도 외면하던 부부
때로는 남보다 못한 무관심과
때로는 원수보다 심한 증오를 키우던 그들
형제들의 방문조차 꺼릴 만큼 숨기더니
팔짱 끼고 외출하는 그림이 종종 보였다
만면에 웃음꽃 만발한 건 무슨 조화일까
작은 손놀림에도 행복이 나풀거리니
온통 꽃밭, 성스러운 화해의 꽃이다
부부의 불화를 온전히 풀 꽃
여자의 핸드백이 유난히 눈부시다

봄비 내린 후에

담 밑에 난초가 빼족빼족
소 풀 잽힐 때가 됐능갑다
땅이 알맞게 물러졌을낀데
싸리소구리에 호매이 들고 퍼떡 가자

길섶마다 포롬포롬 언제 이래 컸노
앞갱빈 모래밭에 쑥뿌리도 살 올랐네
마른 짚에 콩깍지는 차차로 주루코
큰일꾼 햇풀 믹이가 새 힘 돋아조야제

불어난 거랑 물에 설렁설렁
싸리소구리 첨벙 당가 흔드이끼네
싸리 틈바기로 풀뿌리에 묻은 헐캉
남아있던 겨울이 마차 빠져나가고

소풀 씩는 아아들한테 장단 맞추는동
빨래방매이 툭딱거리는 아지매들
둥둥 걷은 무시다리가 우서버
흐르는 거랑 물이 점드록 까르륵 깔깔

풀어주다

베란다가 기지개를 켠다.
봄바람이 살랑, 닫힌 창문을 엶이다
알량한 공간에서 숨만 할딱이던 식물들
내 이기심의 발로에 생각의 싹을 잘리고
질식 위기에 처했을 지금
발육의 금기를 풀어주어야겠다

“남이 듣기 싫다카는 말은 하지 마래이
남을 화내게 하머 안 된데이
나보다 상대 먼저 생각하고 배려해야 되는기라”
있는 듯 없는 듯 착한 영혼이기만 바라며
끝없이 말기를 종용하시던 그 말씀 싫었으면서
나도 모르게 따라 행했던 차단의 강요,
그 금기 같은 무거운 속박으로부터 풀어주어야겠다

묵묵히 마른 흙 이불인양 뒤집어쓰고도
조용히 인내하던 착한 그것들,
성장기의 나를 닮은 것 같아 짐짓 화가 나서
볕이 따스한 화단에 옮겨 심었다
내 무슨 권한으로 너희를 가두었나 몰라
마음껏 뿌리 내리고 꽃피우며 살거라
자유를 돌려받고 보니 잠재적 내면엔 이미
말아야 할 습성에 오지게 길든
나처럼은 되지 말아야지

3월

어제는 네가 활짝 웃었다
목젖이 훤히 다 보이기에
얼었던 마음이 녹는구나, 싶었다
웬걸! 오늘 심하게 앵도라진 그 표정 뭐니?

떠남과 맞이함의 경계에서
자주 갈피를 잡지 못하는 너
아직은 감정 기복이 대단하다
몇 번의 꽃샘추위가 다녀가고
얼만큼의 처절한 사투를 견뎌야
너의 조울증이 사라질까

오월

목욕탕을 갓 나오는
숙녀의 머리칼 같은 숲
푸른 아우성이 싱그럽다

싱싱하게 일어서는 세상
윤기 나는 숨결 서로 나누는
가벼운 입맞춤도 향긋하리

작은 몸짓에도 흐르는 생기
계절은 거대한 열린 향수병
주위는 온통 매혹의 축제

비 그친 오후의 햇살이
골목 어귀에 박힌
작은 사금파리에도
쨍하며 퉁겨지는….

봄바람 3

결빙의 세상을 지탱한 것은
천지 사방 두꺼운 벽이었다
어루만짐의 친절로부터
냉철하게 등을 돌린 차단이었다
그래도 틈은 있었던 게다
따사로운 기운이 조근조근 말을 걸어
부드럽게 자꾸자꾸 말을 걸었기에
바람이 품은 억센 가시들
드디어는 끝이 뭉그러졌을 게다
절대 허물지 않을 것 같던
철통보다 굳은 단절이 느슨해지는 것은
혹한에도 얼지 않은 희망이 있었고
그것이 자분자분 남쪽을 돌아오는 동안
억센 뼈들을 녹여냈기 때문이지
바람은 역시 뼈가 없어야 맛나다

춘곤증

쏘옥 아기 앞니 같은 양지쪽 새순이
다불다불 오후를 덖어내니
고소하다 고소해 끄덕끄덕

날라리한 봄꽃,
날만 세우던 바람을
은근슬쩍 은은하게 우려내니
달다 달다 참말 달어, 끄덕끄덕

햇살 저리 요염하니 무언들 녹지 않을까
드세던 북풍도 앞산 바위처럼 무딘 사내도
사창화류 같은 봄의 유혹에
노골노골 끄덕끄덕

봄 마중

나가야 만나지
만나야 손을 잡지
손을 잡아야 반갑지
반가워야 웃지
웃어야 기쁘지
기뻐야 사는 게 재미있지
재미있어야 모든 게 즐겁지
즐거워야 인생이 봄인 게지

그래! 나가자
반갑게 손잡고 기쁘게 웃음 나누자
꽃이
지는 것을 계산하지 않듯이
가는 길을 염두에 두지 말고
즐기기 위해서는 그저 나가야지
봄꽃도 만나고 봄바람도 만나고
만개한 인생의 덕담꽃 주고받아야지

공존의 변이

봄이 선점한 꽃이며 잎들의 향연
경쟁이든 시샘이든 또는 협력이든
참 아름다운 조합이야
열렬했던 지난날의 그대와 나처럼

어쩌다 눈[雪]은 가던 길을 되돌아온다
이별의 길목에서 우리가 그랬던 것처럼
쉬이 떠나지 못하고 주춤대는
신열보다 안타까운 미련이
새로운 시작 위에 미적미적 섞인다

눈이 꽃과 공존하기 가당찮은 익은 봄
2013년 4월 20일 그것도 곡우
꽃이 눈으로 내리고 눈이 꽃으로 피어나는
겨울과 봄의 교차점도 벌써 지났는데
이즈음엔 결코 보기 힘든 만화가 그려진다
만개한 꽃밭의 폭설이라니

2부
추억의 정의

겨울 고향집

겨울바람 문풍지를 흔들고
참새 떼 후르르 초가집 추녀로 숨어들 때
참새 떼 같은 아이들 손은
윗목 고구마 가마니에 바쁘게 들락거린다
흙 묻은 고구마를 껍질 째
덥석덥석 베어 물기도 했다

사랑방 밤참 내기가 하마 끝났나 보다
귀신도 숨죽이는 뒤꼍에 살얼음 걷어내고
동치미 떠내는 소리
살금살금 발소리 멀어지고
멍멍이도 안 짖는 겨울밤
빈 마당에 달빛만 가득 고인다

기다리는 마음

그대가 내 굳은 마음속에 살며시 다가왔을 때
온통 별이 가슴에 안기는 줄 알았네
그 별 녹아내린 가슴에 그리움이 쌓이더니
어느새 수북한 그리움 간절한 기다림 되어
작은 내 가슴속에서 자란다

이 기다림의 시선 닿는 먼 곳에 그대 있는가
두 눈 가득히 오지 않는 그대를 담아놓고
행여 올지도 몰라 올지도 몰라
그대 발소리 기다려 오늘도 내 귀를 열어둔다
그리운 그대를 향하여

추억의 정의

머리 밑 깊숙이 숨어있던 머릿니가
가는 머리카락 사이로
소물소물 기어 나오듯
속옷의 솔피 속에 둥지 튼 몸이가
식솔들을 거느리고
날갯죽지 살살 오르내리듯이
기억의 솔피 속에 숨었다가
잊었다 싶으면 소물소물 나오는

늘 맡아오던 된장찌개 냄새에서
냉이 향을 찾아내는 찰나의 구분처럼
일상 속 어느 한 순간
기억의 날갯죽지를 살짝 간질이는 것…

소복한 것에 대한 충만감

소복하게 쌓인 것을 본다는 일
꽉 찬 마음이 들어서 참 좋다
그 충만감의 근원지는
유년의 모래밭이다
물푸레나무로 잉크를 만들고
손가락에 찍어 모래밭에 그림을 그릴 때
옆으로 밀려나던 소복한 모래톱이나
손을 넣고 두껍아 두껍아 외쳤더니
빈곤한 기둥에서 점점 높아가던 모래집,
그 새집이 주던 사소한 충족감

가령 꽃잎이 떨어져 서로의 몸을 포개어
시간의 장례를 치르듯이 고요히 꽃무덤을 만든다거나
그 꽃무덤에 이슬이 내려앉아 투명한 합주를 한다거나
낙엽이며 눈이며 사람의 정서를 채워주려
정갈한 계절의 의식을 치러낸다거나
거두어들인 열매들 소복소복 곳간을 채운다거나
그것들 다 꿈이 소복한 유년으로의 회귀 같은 것
모래집처럼 와르르 무너질지언정
쌓으면 또 소복해질 손도장 찍힌 쌀독 같은

비 오는 날의 회상

투명한 베란다 유리창을 두드리는 빗줄기
맑은 타악기처럼 그리움을 연주하면
세월의 시계 거꾸로 돌려놓고
이미 퇴색했을 추억 하나 처연히 불러낸다

남산동 대도 극장 앞 들국화 다방
삐걱삐걱 목조 계단 올라가서 창가 자리에
갓 잡아 올린 생선 비늘처럼 푸릇한 군인과
그린 색 원피스의 수줍은 숙녀 초년생
이마를 맞댈 듯이 마주 앉아 속삭인다

유리창엔 비가 흩뿌리고
아리랑이 너울거리는 오각형 상자에서 나와
소망의 탑으로 올라가던 무수한 성냥개비
사랑이 쌓이고 희망이 쌓이고 미래가 쌓이던
군인과 숙녀의 완성된 사랑탑은 또 하나의 환희

그러한 얼마 후 들국화 다방 앞 회색 도시의 빗속에는
군인은 왼쪽 어깨가 젖고
숙녀는 오른쪽 어깨가 젖고 있었다
차츰 빗방울은 하나뿐인 우산 끝에 떨어지고
빗물은 숙녀의 맨 종아리를 사선으로 내려치지만
군인과 숙녀는 무언의 몸짓으로 비에게 감사한다

바람 부는 날의 정자바다

세월의 파도에 닳고 닳은 조약돌이
자갈 거리며 세상 풍파를 감당하고 있었다
기세등등한 세찬 바람이 바다를 일으켜 세우자
정자는 하얗게 거품을 물었다
항구의 소수 상인들의 바가지 상혼에 속상하고
예쁜 자갈돌로 명성이 드높던 이 바다를 찾아오는

대다수 여행객의 자갈 밀반출에 화가 나는 정자,
언제부턴가 정자 바닷가엔 몽돌이 눈에 띄게 줄었다
주민들의 감시에도, 포상금 제도에도 제어되지 않는
정자의 상징이 도난당하는 속수무책과
바닷가에 즐비한 라이브 카페나 칼국수 식당이
조약돌보다 훨씬 유명해진 주객의 전도에
정자의 거친 울부짖음은 온종일 잦아들지 않았다

소외되다

조청 묻은 숟가락 쪽쪽 빨듯
밤새 녹아나는 연인들의 애간장
사연에 빠지다 관음증이 생겼는지
수시로 붉어진 내 몸
어찌 그들의 연애사만 알았으랴
미주알고주알 쌓이는 세상의 수다
포만감으로 행복했던 그때 좋았는데
앞집 누렁이가 큰아들 등록금을 낳았다든지
무자 아부지가 소나무 벌목하다 벌금을 냈다든지
날마다 잔치 벌이던 소문의 보고(寶庫)

세상의 변화 참 매정하다
내게만 허용되던 달콤한 비밀
편리함을 좇아 등 돌린 낭만
우표 붙은 편지 구경한지 오래다
손가락만 까딱하면 섬광처럼 교환되는
속도 시대의 이메일만 아니라면
애끓는 모정으로 내 가슴 아직도 따스할 텐데
외면당한 지금 모정도 연정도 품지 못한다
그저 마른나무처럼 점점 속이 비어
추억이나 곱씹는 퇴색된 우체통
정서는 상실되고 고지서의 홍수에 익사 중이다

그렇더군요

"보고 싶다."
그 말을 입 밖에 내는 순간
보고픈 마음은 꽃으로 피는 것 같아요
작은 봉오리로 오므렸던 그리움이
"아… 보고 싶어…."
라는 한숨 같은 그 한 마디에
싸아한 허브 내음으로
혹은 감미로운 바람으로
그리움 저만의 꽃을 피웠어요
허브 같은 그리움의 갈망과
꽃으로 형상화된 보고픈 마음이 때론
아름다운 일치를 원하기도 해요
그 애절한 합일에 목말라 내 속눈썹은
간간이 이슬을 매달더군요
그렇더군요, 정말 그렇더군요

순응

그대가 한없이 그리울 때
눈이 녹 듯 가만히 눈을 감습니다
속눈썹에 매달리는 그대의 영상
떨어져 내릴까 애처로워
눈물조차 흘리지 못하겠습니다
그래도 그리워 눈물이 날 때
차라리 세월이 지나가라
나의 길을 비키고 맙니다
침묵의 휘장 조용히 드리우며

불가사의

당신을 기다리느라
시계를 보고 있으면
망할 놈의 시간은
죽도록 더디 가고
당신이 보고 싶어
거울 앞에 서면
점점 더 죽을 만치
보고 싶어져

3부
부부의 연민

여름 애상

지금 내 마음 어둡기가 절벽 같고
빗나가지 않은
장마 예보만큼이나 우중충하다
낮인지 밤인지 온통 회색 세상이더니
마음에 흐르는 눈물처럼 빗소리 참 애잔하다

동갑내기 시인들의 부음으로
그치지 않는 빗소리에 슬픔이 더해진다
작년 가을에 손광수 시인 간암으로
금년 봄에 김성기 시인 위암으로
그 특별한 이삿짐센터는
하늘나라로 두 친구를 옮겨준 대가로
무엇을 얼마나 얻었을까
비는 울고 울고 또 울고
밤새 울음을 그치지 않을 모양이다

"유방암입니다."
무너져가는 벽에다가 쾅쾅 못을 박듯
담담해서 더 무서운 의사의 확진이
내 마음을 천둥의 한가운데로 내동댕이쳤다
지금은 여름, 계절 순서대로 두 친구 간 길
나도 편승하게 될지라도 지금은 아니 가리
최소한 열 개의 여름은 보내고 나서야 가리

삼각관계의 원천

대중탕 욕조에 풍덩 잠겨서
숲들이 걸어 다니는 풍경을 본다
숲은 기이하게도 하나같이 삼각형이다
잉태와 출산의 본분으로 성스러울 저,
저 신비로 채워진 위대한 숲 그 위로
멋대로 발달한 우주 같은 구릉
이브의 원죄를 씻듯
쏴아 쏴 진지한 사포질을 보면
도덕을 밟고 서는 맹랑한 숲은 없어 보인다
세상을 뒤흔드는 사특한 바람 일으켜
원초적 음모로 세상을 휘젓고
권력과 부를 빨아들이는 블랙홀의 주인
그 존재에 대해서 궁금해 할 필요는 없다
보통의 숲처럼 세모났으되 다만
애초엔 물방울처럼 유순했을 둥근 사랑에
걸핏하면 질리게 날 세우고
기름 부어 은밀한 불길 치솟게 하는,
그 도도한 무기를
능력의 잣대로 삼는 것이 다를 뿐
일그러진 사랑이기 일쑤인 삼각구도의 연관성
근원적 모양이 그러했던 것이다

오래된 부부

며칠 전부터 라디오는
부부의 날이 어떻고 떠들어대길래
내가 남편에게 물었다
여보야, 내일이 무슨 날인지 아나
월요일이지
그것 말고 다른 거
다른 거? 당신 월급날
아니 그것도 말고 다른 날
그럼 당신 생일날
아이고 와카노 내 생일은 지난 달이었지
뭔데 난 모르겠다
당신은 뉴스도 안 보나 부부의 날이잖아
내일이 몇 월 며칠이고
5월 21일이지
근데 와 하필 그날이고
오월은 가정의 달이고
21일은 둘이 하나 되라는 의미라카네
그거 법에 있는 기가
당연히 있지 2007년 12월에
국회 본회의에서 통과시켰다꼬
국회가 그래 할 일이 없나
부부는 법이 안 갈키조도 하나 되는 건 잘한다 캐라
맨날 내 뜻에 협조도 안 해주면서

뭐가 하나되는 걸 잘한다 카노
남편은 물리적인 하나를 강조하고
나는 가정적인 불균형에 대해서 불만을 털어놓는
부부의 날을 나누는 오래된 농담, 이 시시껄렁한

어느새 중년 부부라니

언제 이렇게 세월이 흘렀습니까
중년이란 말이 어색하지 않습니다
어느 새 나는 당신에게
사랑보다 휴식에 가깝지 싶습니다
이를테면 오페라 가수가
혼신의 정열 쏟은 매 회의 공연이 끝난 후에
손을 씻으며 가볍게 흥얼대는
유행가 같은 휴식
이를테면 대하소설 작가가
혼을 바친 엄숙한 집필 중에
잠시 머리 식히려 읽어보는
명랑 만화 같은 휴식

내가 당신에게 휴식이란 사실 억울하지 않습니다
삶의 무게 조금이라도 내려놓고 기대시도록
오히려 나 자신 온전히 비워두렵니다
내가 이리 당신에게 휴식이고 싶듯이
당신 또한 나에게 그러하길 바랍니다
그것이 부부간의 본질이 아닐까 싶습니다
사랑은 자연스럽게 따라올 테니까요

우리 서로 생각만 해도 편한 존재이길 원합니다
서로의 그늘이기를, 안락의자이기를,

둘이 같이 있어야만 시간을 볼 수 있는 커플 시계
둘이 같이 있어야만 날 수 있는 비익조 같은

공동 책임

친구나 나나 남편이 하느님이던 시절이 있었다
다른 여자가 내 남편에게 웃음만 흘려도 질투가 나고
일거수일투족이 신경쓰이던 예민하기가 짝이 없던 때
오밤중에 걸려온 친구의 다급한 전화
남편의 이중생활 꼬리를 완전히 잡았단다
분해서 죽겠으니 와서 같이 좀 있자고 난리다
그 깊은 밤에 동쪽 끝에서 서쪽 끝까지 달려갔다
그간의 상황 다 듣고 함께 밤 꼴딱 새고
분이 안 풀린 상태로 남편의 여자, 그 가족들을 만났다
미안하게 됐다고 말을 꺼내던 그쪽 가족의 입에서
그러나, 란 주석과 함께 부인의 책임도 언급했다
남편 단속을 못했느니 어쩌느니
얼굴색도 안 변하고 뻔뻔한 개소리를 해쌌는데
남편이 현관문도 아니고 단속은 무슨! 그런데,

내 머리엔 다른 각도의 책임 이유가 떠올랐다
남편 뺏긴 내 친구는 버릇처럼
우리 남편, 우리 남편, 해댔다
아하, 내 남편이 아니라 우리 남편?
다른 건 다 나누어도, 사이좋게 나눌 수 있어도
남편만큼은 절대 절대 나눌 수 없을진대
친구는 이미 그렇게 나눔의 여지,
공동 소유의 여지를 만들고 있었으니

딴은 책임이 있기도 하겠다, 싶었다
내 남편, (복창하라!) 내 남편, 내 남편!

죽어도 내 남편이지 우리 남편은 아닌 것이다

부부의 연민

제법 불쾌한 얼굴로 귀가하는 남편,
미안한 표정으로 머쓱하게 웃습니다
변명하려다가
가만히 나를 바라보는 그 지친 모습에는
현진건 선생의 '술 권하는 사회'가 보입니다
혼자만 피할 수는 없었겠지요

겉옷처럼 하루를 벗어놓고 잠든 모습에서
괜히 싸아한 바람이 가슴을 스쳐요
골골이 지나가는 세월의 흔적이 안타깝고
검은색보다 훨씬 많아진 흰머리도 불쌍하고

(당신은 더 불쌍해)
남편은 그리 생각하겠지요

질투

언제부턴가 남편에게 살살 의심이 들었지만
솔직히 설마 하는 마음으로 살았는데요
분명 내가 모르는 무언가가 있겠다 싶었어요
아무래도 풍기는 냄새가 수상했거든요
제발 속 좀 열어 보자 애원이란 것도 했고요
한 점의 의혹도 남기지 말자 부탁도 했는데요
쓸데없는 고집은 왜 그리 쇠심줄이었는지
어쨌요, 짐짓 체념한 듯 스스로 결심하길 기다렸지요
본인도 마음이 무겁긴 했는지 먼저 입을 열대요
결심했다고, 처분에 따르겠다네요

짐작대로 딴살림을 차렸던 거였어요
올망졸망 낳아 놓은 새끼들도 가관이었는데요
이름도 웃겼어요 대장 용종이래요
그동안 그것들을 키우느라 소주병은 얼마나 쓰러뜨렸으며
산발한 채 허공을 배회했을 담배는 또 얼마였을까요
잠시 기가 막혔고 이만하기 다행이라 싶었지만
감히 내 남편을 건들다니 용서 못했!
그것도 시앗(妾)이라고 살짝 질투가 나대요
필시 나보다 더 애지중지 품었을 거잖아요
남편의 속을 나보다 확실히 봐버린 여의사는
염치없는 시앗의 일가를 주저 없이 잘라버렸지요
내 질투까지도요, 강한 응징의 가위질이었어요

익숙함에 대하여

그 남자의 직업은 개별화물 운전사다
오랜 세월 성 뒤에 이름 대신 차의 적재량이 붙었다
그나마 부를 때는 성(姓)마저 떼어 버린다
5톤이었다가 몇 년 전부턴 3.5톤으로 바뀐 이름
호적에 적힌 성명보다 본인은 더 친숙한 눈치다

그 남자가 결혼한 지 올해로 삼십오 년이 되었고
어쨌든 어른 된 기념일이니 바깥 음식 시켜서
부부가 제법 친한 티를 내며 건배사도 만든다
꺾은 칠십 년, 그 긴 세월 동안
작은 업적(?)이라도 있는지 찾아보던 중에
35주년이 무슨 혼(婚)이더라?
안사람이 볼그족족한 얼굴로 묻는다
주저 없이 그 남자는 대답한다
삼 점 오 톤이지!
그 남자의 엉뚱한 대답에 안사람은 깔깔 넘어간다
하하하하 삼십오, 삼점오, 산호 혼
발음은 비슷하네, 당신도 알고 있었던 거였어?

짐 실은 화물차처럼 무거웠던 세월이
평화새의 깃털인 양 한순간에 날아간다

억새꽃

백로 아부지는 까마귀 노는 곳에 백로가 섞일까 노심초사했다
도덕과 윤리를 흰 무명옷으로 지켜온 동방 예의지국 백의민족
세뇌받은 자손들, 세월의 채찍마저 고분고분 맞아왔다
그 큰 영향으로 저마다의 껍질까지 표백하나 보다
거부하기엔 흰색의 뿌리가 너무 깊은 탓일 게다

어느 날 밥상머리에서 남편의 눈썹이 하얗다는 사실을 알았다
무협지 속의 장미소살처럼 몇 오라기 섞인 갈기 같은 눈썹에
드문드문 피던 억새꽃이 갑자기 만발하다니!
사실인즉슨 간간이 섞여 있는 흰 갈기가 거슬려서
머리 염색 때 슬쩍 발랐는데 약발 떨어지자
모두 흰색으로 바뀌었다는 교훈적인 이야기다

지난 가을에 올랐던 화왕산에 반했는지
남편은 곳곳에 억새꽃을 피운다
부창부수이니 함께 화왕산 억새밭 성성하게 가꾸어야 할…

애주가 남편에게

여보 새해가 밝았어요
이젠 정말 금주를 하셔야지요
얼마나 오래 별렀던 일인가요
올해는 기어코 성공을 해야지요
의지가 그렇게 약해서야
가장이라는 말이 부끄럽지 않겠어요
저녁 반주로 사 홉병 하나는
과하다고 생각하지 않나요
혈압도 높잖아요
조심하라고 했잖아요
금연도 권유받았잖아요

병술년이 밝았으니
'병술'을 마셔야 한다고
당신은 고집부리네요
정 마셔야 한다면
병술은 그만두고
'잔술'로 마시세요
딱 두 잔만
그것이 정말 적다면
딱 한 잔만 더 마시는 건 어때요

병술년은 병째로 술을 마시는 해가 아니라

58년생 개띠들의 다사다난했던
인생 역정을 기리며 위로하는
의미 있는 해랍니다
병째 술을 마셔야 한다는 궤변은
제발 그만두시고
당신도 굳은 의지를 실천할 때라고요

허탈

빈 독을 지나는 슬픈 바람처럼
윙윙 소리 내어
그저
웃고나 말 일이다
더는 말이 필요치 않으니
그대
이 공허의 깊이를 재려하지 마시라

4부.
만남과 이별의 이중주

만남

자호천의 여름밤은 달맞이꽃 호흡이 진했다
시원한 갱빈엔 물소리도 사랑의 대화 같았지
고요의 정점을 찍는 먼 기적 소리는
영천 읍을 지나는 낭만과 동경의 대상
보리밥에 열무김치 일 찬이지만
저녁 먹은 발걸음도 가볍게
목덜미에 붙은 끈적한 더위를 떼어내며
어정어정 걸어 나가도 반겨주는 갱빈

이미 한낮의 허물을 벗어던지고
물속에서 담방구질하는 한 무리의 친구와
손파람으로 교신하는 짜릿한 암호
등이 배기는 자갈밭도 융단 같았던 그때
유성보다 빠른 새벽의 속도가 야속했지
풋보리 같은 마음들이 만나 지저귀며
별 속에 꼭꼭 박아 넣은 설렘과 자유
자호천과 달맞이꽃의 만남은 필시 숙명이었어
푸성귀 같은 우리들의 우정이 그러했듯 말이야

뒷모습을 보는 일은 언제나 쓸쓸하다

– 중년에 맞는 송년에 부쳐

아는가
그대의 뒷모습을 봐야 하는
이 숨 막히는 절망의 순간을
보내는 일이 어떤 것인지
나보다 더 잘 아는 그대가
이유야 어쨌든 내 앞에서 돌아섰다
아니 그대는 말한다,
그저 앞을 향해 걸어갔을 뿐이라고
그러나 그대는 등을 보이고
나는 죽을 만치 쓸쓸하다

선달

너를 앞에 두고 떠오르는 단어를 나열해본다
아쉬움, 반성, 후회, 마지막, 이별
그 틈새로 또 다른 결심이 슬쩍 끼어든다
아무리 견고한 다짐이 오더라도
불변의 법칙은 이별이란 사실
잘 가시라, 재회의 확률은 제로임을 잘 안다

아쉬운 마음으로 깊이 반성하며
심장을 후벼 파는 후회로 가슴을 치며
이제 마지막 이별을 준비한다
그래도 재회의 0% 확률에
가능성의 여지를 기적처럼 심어도 될까
간절함을 더하면 이루어지기도 할까

만남과 이별의 이중주

타오르듯 강렬하게 피었다가
그 진한 빛 덧없이 꺼지는 일

무더기무더기 생의 폭죽 같은 봄꽃
소리 없이 스르르 지는 일

마치 사랑과 이별의
묘한 합주 같아

균열의 반전

마음의 북풍이 서서히 오고 있었다
느낄 듯 말듯 안개처럼 스며든 찬기에
날이 서는 영혼이 흐느꼈다
기다림은 서리와 같이
무심함은 눈과 같이
인내는 살얼음같이

마침내 두껍고 견고한 빙판
녹지도 쪼개질 가능성도 없어 보이던
고통의 두께만 더하는 절망이란 벽
넘지도 부수지도 못할 철벽이라 여긴,

그러나 틈은 안으로부터 시작되는가
오지게 자학하고 갈등하는 동안
이해와 오해의 부피가 얽히는 동안
마음속 전쟁이 균열을 부르고
그 틈으로 햇살도 들고 훈풍도 든다
아니, 들리라 여긴다
균열을 넘어 화해를 넘어 해빙의 언덕까지

춘화노골(春花老骨)

필 때는 지는 일을 생각하지 않았으리
겨울은 맵고 삭막했으므로
따스함에 대한 갈망이 깊어질 즈음
그 이름만으로도 반가운 봄꽃이 핀다
유난히 크게 설레며 고대한 꽃 마중
환호의 물결이 지나쳤을까
지는 일이 그리도 급한 건지
영원할 것 같은 화려함은
기다림이 무색하게 느닷없이 져버린다

한때
나도 여리고 고운 누군가의 꽃이었을 때
젊고 푸른 윤기로 영원히 빛날 줄 알았다
느끼지 못한 사이에 세월은 삐걱거리고
어긋난 소망의 잔재들은
퇴색하고 낡은 뼈들을 절름절름 데려왔다
마치 급하게 막을 내리는 봄꽃같이
내 노쇠한 언어엔 구멍이 숭숭 뚫린다

양념

떠남의 느낌이 문 앞에 왔을 때
마른 잎이 나선형으로 떨어지거나
때마침 빗줄기가 굵어지거나
맞추어 눈물샘이 닫힘을 거부하는 일
그래, 비가 와야 이별이 이별답지

돌이킬 수 없는 절망과 마주했을 때
깊은 울음의 바다에 자신을 던지거나
세상이 끝난 듯 야단법석하거나
핑계처럼 술잔 속에 존재를 섞는 일
그래, 울고불고 난리를 쳐야
또 그 이별이 훨씬 실감 나지

세상의 모든 사유에 명징함을 버무린
진미로 차려진 맛깔난 상을 받을지도 모르잖아
이왕이면 취해서 한바탕 울고 난 후에는

미련

대왕참나무는 겨우내 마른 잎을 붙들고 산다
봄이 조금 다정해지고 새순이 밀고 나오면
그제야 한꺼번에 우르르 미련을 턴다

플라타너스의 미련은 좀 더 질기다
예쁘지도 않은 열매들을 꽃이 피도록
다 보내지 못하고 껴안고 버틴다

남천은 또 어떤가
잎이 푸르러지고 꽃송이가 주렁거려도
잎과 잎 사이사이 말라빠진 열매들 엉켜있지

하! 내가 지금, 남의 미련 흉볼 처지인가
이것저것 버리지 못하고 껴안은 정도가
솔직히 그들의 할아비쯤은 족히 될 거면서

잔화

– 박건호 선생을 추모하며

엄마는 그 이름 부르기만 해도 따스합니다
난로는 뒤에 서더라도 두 손을 내밀게 하지요
난로라는 생각만으로도 온기가 느껴지거든요
바람은 발음을 내는 순간 시원해집니다
모닥불은 지피지 않아도 추억부터 타올라요
박건호 선생님은 모습만 떠올려도 온화하답니다

장작이 우정처럼 포개지고
불길이 정스럽게 타오르는
모닥불 주위에 우리 둘러앉아요
무릎을 세우고 즐겁게 손뼉치며
한목소리로 부르는 노랫소리
밤하늘의 별들도 깨우네요

모닥불 피워 놓고 마주 앉아서
우리들의 이야기는 끝이 없어라2)
이야기가 끝이 없는 한
불씨도 영원히 남아 있어요
꺼지지 않는 영원의 모닥불로 말이지요

모닥불의 원불은 꺼졌지만
임께서 남기신 사랑과 열정으로

---

2) 박건호 작사, 양희은 노래 「모닥불」의 첫 부분

남은 우리는 꺼지지 않는 불씨
각자의 가슴마다 간직하고 있어요
그 불씨들은 잊혀지지 않는 계절 속에
영원히 남아 님을 기리겠지요

5부.
그때 나는
웃었지요

꼭 실천하고 싶은 기도

누구 때문에 내가 많이 상했을 때보다
나 때문에 누군가가 상처받은 때가 더 많지 않았는지
언제나 내 생각만 옳다고 생각하진 않았는지
판단 기준을 철저히 나 자신에게 맞추진 않았는지
언제나 나의 잣대로 세상마저 재려고 하지 않았는지
객관적인 눈으로 나 자신을 한 번이라도 들여다본 적이 있는지

내 일상의 대화 방식이 남이 보기엔 참 거슬리는 것인데도
나만 그 사실을 모른 채 습관적인 잘못을 저지르진 않았는지
친근감이라 생각했던 농담이 상대에겐
크나큰 불쾌감으로 전달되진 않았는지
상대의 기분 나쁜 언사에 저속한 말로 맞장구치진 않았는지

내 잘못을 인정하기보다 변명으로 일관하진 않았는지
생각 없이 던진 한마디가 상대의 가슴에
비수로 꽂히게 한 적은 없는지
나 자신을 속이면서까지 선을 가장한 적은 없는지
겸손을 위장한 오만으로 남을 대하진 않았는지

자신을 돌아보는 조용한 뉘우침으로
하루를, 한 달을, 한 해를 마무리하는
현명하고 맑은 사람이 될 수 있도록
주님, 저에게 곧은 마음과 진실함을 심어 주십시오
빛으로 오시는 주님 제 생활에 밝음을 주십시오
저는 언제나 부족할 뿐이므로 끝없는 인생의 시행착오로
오늘도 저의 계절은 술 취한 새벽입니다

노안(老眼)

그 시간 그 새벽에 눈이 떠져
습관처럼 책을 들어 펼친다
예보 없던 안개가 책 속에 가득하다
수명을 탓하기엔 형광등은 새것이고
잠이 덜 깬 탓이라 여기지도 못할

형체만으로 더듬대는 독서
활자는 운무처럼 흩어지고
푸르게 반짝이던 상상의 조각들도
푸석해진 돌의 형상으로 구른다
오랜 습관이 무색해진다

진중한 마음이 떠나고 있거나
본의 아니게 오해가 생기거나
이해의 폭이 좁아지는 녹슨 세월 앞에
진리가, 사물이, 배움의 근원이
절망적 소멸의 시작을 알리는 듯
대낮의 책 속에도 걷히지 않는다, 안개는

새해의 기도

단 한 마디를 주고받더라도
그 말끝에는 믿음이
단 한 번의 미소를 짓더라도
그 미소 끝에는 사랑이
단 한 번을 손 내밀더라도
그 손끝에는 나눔이
단 한 번을 다독여 주더라도
그 다독임 끝에는 희망이

새해에는
믿음과 사랑을 나누어
희망의 열매가 주저리주저리 열리게 하소서
서로의 어깨 위에 무겁게 내려앉은
원죄의 무게를 덜어주는
기특한 몫의 의무를 다하게 하소서

하나를 받으면 둘로 갚게 하시고
아무런 조건도 의심도 없이
두루두루 사랑하게 하소서

2월은 이월의 달

무심히 흐르는 세월을 잡아
시간 요리사는 정교한 솜씨로 쪼개고 잘라서
시라 하고 날이라 하고 달이라 하고 해라 하고
그것들의 순환에다 별스런 의미를 다 부여한다
오늘은 그저 어제의 연속일 뿐인데도
한 해가 간다고 아쉬워했다가
하루 만에 새해라고 설레는 변덕을 어찌 말리랴
그래, 정월 한 달만 새해라 하기엔 새로움이 짧기만 하다
이월(移越)을 시킴이 옳을 것이다
새 마음도 희망도 계획도 목표도 새로운 도전까지도
음표를 붙여가며 즐겁게 이월을 시켜야 하리
덤처럼 주어진 2월 선물처럼 받은 새해의 연장
기쁜 마음 모두 넘기는 이월의 달 2월에 감사하리
들뜨고 북적대고 정을 주고받고
덕담을 나누며 웃는 날의 연속임에 매우 기뻐하리

바담풍 훈장 · 1

그러니까 그 양복 말쑥하게 차려입은 반백의 남자는
아들과 며느리 훈육시킨 자랑에 열을 올리는 중이었다
"야 이 시팔눔아 그렇게밖에 못해? 니가 그 모양이니
니 마누라도 똑같지. 이누무시키야 귀가 먹은 겨?
대답이 왜 이렇게 늦냐. 어라? 저 입 모양 보소
시방 욕했쟈? 이 새끼 봐라. 애비 앞에서 욕을 햐?
그러니 메누리도 시애빌 개코로 아는 겨."

이른바, 어른한테는 말을 공손하게 해야 한다는 교육부터
가족의 화목 문제까지 야무지게 타일렀다는 말씀이셨는데
 옆에서 대답 없이 듣고만 있던 일행의 표정이 아주 묘했다
입만 열면 십 원짜리로 시작하는 그 남자의 이야기를 듣자 하니
자신을 포함해 자식 내외를 합친 가치가 10원도 결코 못 돼보였다

듣는 사람은 민망했고 하는 사람은 거리낌 없이 당당했던
그날 바담풍 훈장의 일장 훈시가
경부선 무궁화 열차 4호 객실 전체를 울리고 있었다

최고의 정원사[3)]

그곳은 처음엔 많이 거친 곳이었습니다
누군가의 손길이 절실하게 필요했던 그곳을
희생적인 그녀가 사랑의 손길로 살폈습니다
그녀의 섬섬옥수는
지극정성으로 거친 땅을 다듬었습니다
그녀의 인내와 배려와 희생은
곱던 손마디마다 훈장을 만들었습니다

혼자서만 삭여야 할 아픔도 많았습니다
자신의 큰 고통은 아랑곳하지 않으면서
주변의 작은 아픔에도 진정으로 걱정하며
몸과 마음을 아끼지 않고 보살폈습니다
거칠었던 그곳은 아름다운 정원으로 변했습니다

그 정원에는 계절을 초월하는 꽃들이 핍니다
그 정원에는 최상의 꽃들이 밤낮없이 핍니다
내조의 꽃, 희생의 꽃, 희망의 꽃을 비롯하여
격려의 꽃, 배려의 꽃, 나눔의 꽃,
효심의 꽃, 우애의 꽃이 향기를 뿜습니다
오늘은 내조의 꽃이 크나큰 열매를 맺습니다

---

3) 시숙님의 교장 정년퇴임을 맞아 내조자이신 형님께 바치는 글

정원을 가득 채우는 향기로운 수많은 꽃 중에서
가장 기품 있고 아름다운 꽃은 그녀입니다
손에서 떠날 날이 없었던 무수한 호미로 인해
병마가 덮치기도 했지만 그녀는 이겨냈습니다
최고의 정원사이자 진정 꽃 중의 꽃이십니다

우리 정원의 최고의 정원사이신 형님께
카라 다섯 송이를 마음으로 바칩니다
카라 다섯 송이의 의미는
"당신 같은 여자 또 없습니다"입니다
당신 같은 내조자, 또 없습니다

우리 모두의 아버지 같으신 아주버님!
우리 모두의 어머니 같으신 형님!
정말 수고 많으셨습니다
마음을 다하여 존경하고 사랑합니다

길잡이

키 큰 동백나무 옆에 만개한 개나리들
울기등대 가는 길에 줄지어 섰다
꽃들의 수다가 유난히 밝던 어느 해 봄날
개나리 나무에 흐드러진 동백꽃이 장관이다

무추라는 식물이 있다더니
울산에는 동백이 개나리 나무에도 피는구나
나뭇가지 들춰가며 신기했던 마음도 잠시
어느 짓궂은 아이디어의 장난임을 알았으나
만우절 같은 뜻밖의 혼란도
짐짓 속아주는 즐거움도 환하기만 하다

가벼운 혼동의 봄길을 밟으며
친지들 모시고 울산 사는 정빈이 아부지,
정빈이는 손 잡고 유빈이는 목마 태우고
유쾌한 장난의 꽃길을 지나
울기등대 향해 앞장서서 오른다

자주 하는 일인 듯 설명이 재밌고 능숙하여
여행의 즐거움에 한층 흥을 돋운다
정빈이 남매는 더 으쓱하게 새겼을 터
저 자상한 아버지의 상세한 말씀들이
상식을 뛰어넘는 온갖 술수에서

저들을 구해줄 든든한 등대가 될 것이니
자애롭고 현명한 어머니의 내조는
등대를 밝히는 가장 빛나는 불빛임이 분명하고

용서하기 힘든 순리

어머니께서 먼 길을 가버리셨지
입관예절의 기도 소리 귓가에 쟁쟁한데
이 세상 마지막 대면에 통곡했던
남은 자의 모습으로 내가 거기 있었는데

얼마나 되었다고 다 잊은 듯
맛난 음식 욕심내고 즐거운 일 찾고
웃고 자고 노래하고 장난치고
아무 일도 없었던 듯 여전하다니

혈압만 조절하지 말고
희희낙락 절제하는 것도 깨우쳐라
산 사람은 살아야 한다는 말이
얼마나 불효막심한지조차 모르면서
순리라고 합리화시키는 용서 못할 몰염치

작별 인사

유리문을 사이에 둔 입관실에서
성수(聖水)로 마지막 목욕을 하시는 울 엄마
고통을, 회한을, 염려를, 사심을, 애증을
생에의 미련까지 다 씻으십니다
아흔 해의 여행을 마치시고
저승의 옷으로 갈아입으신 울 엄마
이렇게 아주 가시는 건가요
연령 회장님 엄마 얼굴 한 번만 만지게 해주세요
엄마의 볼에 입을 맞추고 내 볼을 대니
어찌하여 좀 전까지 붙어 울었던
유리문의 감촉과 이리도 똑같은가요

이 언 느낌이 제가 살아온 길 같아 더 눈물이 나요
희망도 미래도 자꾸만 막히기만 하여
앞날이 보이지 않아 절망으로 질펀하던
그리하여 제가 제 골물에 치이고 제 비관에 묻혀
엄마에 대한 관심이 냉동고처럼 얼어붙지 않았던가요
이 막내의 불효가 원망으로 얼었다면 풀어주세요
너그러이 용서하세요 걱정도 근심도 놓고 가세요
가시는 길에는 가볍고 평온하고 기쁨만 가득하세요
사순절에 떠나시니 주님께서 손수 맞이하시겠지요

그때 나는 웃었지요

하늘이 맑은데도 삭신이 쑤신다 하시고
찬바람이 문풍지 울리는 동지섣달
온몸에서 바람이 난다는 어머니 말씀
도저히 알 수 없어 그때 나는 웃었지요

무릎에 손을 짚으시며
꽃게처럼 옆으로 계단을 내려오시자
보란듯이 겅중겅중 뛰어서 오르내리며
이렇게 하면 될 텐데, 그때 나는 웃었지요

바느질을 하실 때 높이 올리시던 손
책을 읽으실 때는 앞으로 뻗으시며
큰 글자인데도 안 보인다 하셨습니다
나는 파리똥보다 작은 것도 보이는데요
철없는 소린 줄도 모르고 그때 나는 웃었지요

어머니! 그곳에서는 모든 것이 선명하신가요
그때 흉내 내기를 일삼으며
어머니 가슴에 못을 박던 못난 딸이
지금은 어머니의 거울 앞에 선 듯합니다
거울 속에는 그때의 어머니가 되어 있는 제가
저와 마주보며 회한 섞인 웃음을 웃고 있네요

늙은 거울

지친 경대 하나가 맨 종아리로 안방 벽에 기대어 섰다
이십여 년 화장대를 평정하던 녀석인데
흉내만 내며 버틴 세월이 시시한지
몸통으로부터 자유를 선언해버린 게다
연륜의 망치로 간단하게 주저앉히겠으나
나는 저보다 더 지치고 늘어져서
개의치 않고 그냥 세워둔다

몸통을 빠져나간 것이 어디 거울뿐이겠는가
무어라도 있었을 머리가 비었고
무어라도 품었었을 가슴도 휑하다
들며 날며 무심코 그쪽으로 눈을 돌리면
푸릇하고 총명했던 나는 어디로 가고
돌아가신 내 엄마가 거기 계신다
점점 엄마랑 똑같아지는 내가 거울 속에 그렇게

시계의 모양이 어떠하더라도

시간은 쉬지 않고 흐릅니다
어머니를 여의고 슬픔 속에 있었어도
시간은 정지하지 않았습니다
단 얼마간이라도 정지를 하였더라면
어머니의 손을 잡고
행복할 수가 있었을까요
잡은 손으로 엄마의 따스함을 전달받았겠지요
어머니는 떠나시고 우리는 남았습니다
생각도 없이 흐르는 시간은
지금은 남아있지만 우리마저도
떠나는 사람으로 만들겠지요

떠나더라도 이왕이면
꽃시계처럼 예쁘게 떠나고 싶습니다
째깍거리는 초침 소리에
꽃향기를 뿌렸으면 좋겠습니다
떠나신 어머니를 그리는 이 순간에도
꽃잎이 떨어지듯 시간은 뚝뚝
아쉬움을 흘리며 떠납니다

존귀 自愛心

하찮은 벌레 한 마리도
그 나름의 존귀함을 타고 난다
열등감에 시달리는 못난 인생은 되지 말자
누가 좋은 말을 들려주거든
내 영혼을 살찌우고
존재의 가치를 높여주는
고귀한 메시지로 받아들여라

내가 가장 사랑하는 사람은 나 자신이며
내가 가장 아끼는 사람도 바로 나 자신이다
내가 나를 사랑하지 않는데
어느 누가 나를 사랑할 것이며
내가 나를 아끼지 않는다면
어떤 이가 나에게
티끌만한 관심이라도 기울일 것인가!

자신에게 충실하는 것이
인생 최대의 과제라는 사실을 잊지 말자

산산이 부서진 영혼

그녀는 잠시도 가만있지 않는다
잠도 그녀를 떠났으므로 내면의 적막강산 깊이 껴안고
자신을 버린 과거를 되짚어가듯 설설설설 살살살살
뒤지고 꺼내고 숨기고 어지럽게 헤집어 놓는다
걸핏하면 비상벨을 울려대며
"여시 같은 년이 남의 서방 뺏어간다"
흔들리는 눈동자에 광기가 번득인다
반복적인 그녀의 횡설수설에는
여시 같은 년의 행실을 탄핵하는 분노가 대부분이다
간간이 남편인 듯한 남자에 대한 원망도 섞인다
핵심을 걸러내어
그녀가 정신을 놓아버린 내력을 미루어 짐작한다
남편이란 원수와 여시 같은 년이 뒤통수를 쳐서
그녀가 쌓은 가정이란 고귀한 성이 무너졌고
그 파편이 더러는 가슴에 더러는 머리에 꽂혔다
존재를 송두리째 잃어버린 영혼의 붕괴
좋았던 순간은 잔인하게 허물어지고
기억하기 싫은 것들은 오히려 견고해진 슬픈 모순
그 슬픈 모순은 죽은 뇌의 장난이 아니라
버려야만 살아 낼 무수한 사연의 아우성 같은 것
갑자기 그녀의 얼굴에 희열이 반짝인다
배신의 찌꺼기처럼 기저귀 가득 변을 쏟은 순간이다
잠시도 가만있지 않는 그녀를 달래서 눕힌다

묵직한 과거의 부산물을 치우는 손을 그녀,
거칠게 뿌리친다
"이 죽일 년아 내 꺼 뺏어가지 마라아"
상실감에 몸서리치는 그녀의 이름은
이순덕이 아니라 치매 어르신이다

6부
가을 대화

가을 여행

혼자 여행 계획표를 짠다
설레임이 먼저 앞장을 서네
일상의 옷은 잠시 벗어놓자
기차를 타고 가야지
가는 길에
아무도 내리지 않는 간이역에 내려
낯선 바람부터 만나자
그 간이역이 산속에 있으면 더 좋겠네
마른나무 서걱이는 소리 정겨워
나도 몰래 발길이 멈춰지겠지
산모퉁이 돌아가는 기차의 뒷모습
그 끝간곳으로 잠시 시선 두다가
나 어디로 갈지 방향을 정하리라
숨어있는 암자도 좋고
홀로 흐르는 골짜기 물가도 좋지
날다람쥐 뽀르르 달려간다면 아,
나 거기에서 시선 돌리지 못하리라
경험하지 못했던 신비스런 바람 속에
나 그대로를 고스란히 내 맡기고
낯선 정경이 경이로워 설레이며
앞만 보며 살았던 내 사십여섯 해의 세월을
바람에, 물결에 깔끔하게 실어 보내리라
날 서운하게 했던 가족들의 무관심도

가족들의 만족도를 높여 주지 못했던
나 자신의 무능력도 모두 모두
날려버리고, 흘려버리고…
돌아올 땐 밤기차를 타고 오자
한결 산뜻해진 새 옷으로 갈아입고
새로운 의식으로 돌아오자
벗어놓은 일상의 옷을 다시 입더라도
한동안은 즐거워 콧노래 부르겠지

겨울 초승달

날이 선 칼날 하나
비인 하늘에 걸려
내 마음도 베일까 조심조심

도시의 달빛은 밝지도 않아
그저 기억 속의 황홀함만 끌어안지
바람, 무심히 마른 잎만 굴릴 뿐
서러운 맘 하나도 쓸어주지 않고
초승달 그 빛 칼날보다 싸늘하다
아린 슬픔에 나목 흐느끼는 소리

마른 바람 무심히
낙엽들의 무도회를 주관한다

가을앓이

나에겐 연례행사이지
이번엔 아닐 거야 나를 비켜 갈 거야
가슴으로 스멀스멀 아픔이 올 때쯤
짐짓 안 그런 척 헛웃음을 지어보고
그 녀석이 가는 길을 비켜서 보지만
어찌 된 영문인지 멀리서도 알아보고
녀석은 어김없이 내게 손 내밀곤 하지
처음이 아니니 이젠 익숙하네

가을을 앓는 것이 어찌 가슴뿐이랴
계절이 횡행하는 골목 어귀엔
허무로 쓰러지는 나뭇잎
기어이 눈자위를 붉히고
정체조차 가늠 못할 아픔의 부스러기들
회색 언어로 거리를 떠돌기에
나의 계절은 결실을 잊었나 보다
그저 가슴만 저미는 나의 하루
만추의 기인 한숨 그리움마저 흔든다

나의 이름은 쓸쓸한 가을

나는 지금 떠남의 한가운데에 있다
내 깊은 속내를 들여다보면
뼛속 스며드는 아픔이거나
마음 깊이 파고드는 외로움이거나
혹은 가슴 저미는 알싸한 그리움

하여
풍요가 춤을 추는 들판에서도
나의 춤사위는 작별을 그려내야 하고
벌판을 가로지르는 바람 한줄기에도
이별의 옷자락을 펄럭이어야 한다

내가 풍요와 서글픔을 공유해야 한다면
결실된 모든 것이 나를 떠나더라도
아픈 마음 모두 모아 붉게 태우고 싶다
북쪽의 높고 먼 산으로부터
여름날의 사연이 즐비한 가로수에까지
활활 타오르는 정열을 쏟아내고 싶다

남김없이 태움이 나의 몫이라면
나에게 무심한 계절을 태워
잿속에서라도 추억을 꺼내고 싶다
위축되는 중년의 서글픔을 태워

등 굽은 세월을 곧추세우고 싶다

단풍에게

미안하구나
너는 아픔으로 만신창인데
세상은 축제의 연속이라니
어쩌랴
알록달록 너를 흉내 내는 무리에
나도 표절처럼 섞여서
아름다운 임종이나 지켜야 함을

가을 대화

가을빛 음악이 잔잔한 카페의 창가 자리
색 고운 단풍잎이
빙그르르 돌아 떨어지는 모습을 보며
앞에 앉은 시인이 혼잣말처럼 나직이 말한다

마지막 모습도 어쩌면 저리 고상할까
한철을 참 잘 살았나 봐
내려앉는 모양마저 눈물 나게 감동적이야
나무의 어느 곳에 저토록 고운 색깔 숨겼었을까
빨갛게 노랗게 색색으로 윤이 나는 것 좀 봐
저토록 고운 빛, 내 속에서도 자라면 좋겠어
생을 마감할 때 얼마나 우아해질까 으음 황홀해!
아! 커피 맛도 단풍처럼 곱기만 하네

단풍보다 더 고운 친구의 이야기가
가을 잎처럼 귓전에 나부끼고
맞장구치는 내 목소리도 절로 나직나직
가을엔 역시 잔잔함이 제 맛이지
가을의 전설이 나붓나붓
독백 톤으로 창가에 쌓인다

가을 타다

회사 뒤편 철조망에 시들한 호박 줄
철 늦은 호박꽃에 햇살이 얄랑거리는데
어쩌자고 하필 그때 시선을 들어서
그 사소한 유혹과 눈이 맞았는지
순간 방범 창살 사이로 풍랑이 넘어왔다
아니, 그보다 오래전부터였겠다
나락 패는 내음 들큼한 들길
바람이 지분대는 저녁나절에
이미 가을의 농밀한 언어와 내통했겠다

황금 열매 또록또록 영그는 들판
사랑에 겨워 하나같이 업고 노는4)
메뚜기들, 종횡무진 신이 났다
타는 거야 제대로 타고 있는 거야
별것 아닌 사유로 내가 계절을 타고
나락 논의 메뚜기 솔직한 사랑을 타고
세상사, 음양의 어울림 수줍게 타고
민망한 산천이 버얼겋게 타고
역마살 오지게 낀 바람이
그 모든 것을 타고 흐르는
……가을이란 말이지

---

4) 업고 노는: 판소리 「춘향전」 중에서 사랑가의 대목에 나오는 이미지를 차용.

사랑이 힘겨운 날엔

사랑이 힘겹다 느껴지는 날엔
커다란 나무 아래서 잠시 쉬었다 가자
가을이 마지막 이야기를 풀어내는 곳
작은 벤치에 가만히 마음 내리고
가을나무 소곤거림에 귀기울여보자

그래도 힘겹다 느껴지는 날엔
하나씩 나를 벗어내 보자
붉은 욕심을 쏟아버리고
노오란 절망을 벗어놓으며
갈색 의심을 털어버리자

그래도 사랑이 힘겨운 날엔
생각 깊은 만추의 어깨 너머로
마지막 한 떨기 미련도 떨어내는
욕심 버린 나무의 비움을 보자
가벼워진 나무의 숨결을 듣자

가을 연서

어디에 써도 좋습니다
어떤 마음을 보여주셔도 좋아요
들판을 수놓는 것 모두가 꽃 편지지
연서를 쓰기에는 그저 그만이지요
편지지에 써넣을 수많은 언어들
순백의 영혼인지 한결같이 투명해요
손끝만 스쳐도 튕겨나갈 것 같은
저 푸르디푸르고 팽팽해진 하늘은
온통 당신 생각에 팽창한 내 마음인걸요

가을마다 나는 소망했어요
저리도 맑디맑은 수액이 떨어지는
저 눈이 시린 하늘의 한 자락을 잘라
당신의 옷을 지어드리고 싶다고요
멋질 거예요, 눈이 부시겠지요

가장 행복한 웃음으로 걸어오시는 당신
기쁨 가득히 두 팔 벌려 맞이할 게요
고운 색으로 물드는 산천이
쑥스러운 내 마음을 대변하네요
하늘과 산과 바람의 하모니가
우리의 사랑을 축복하나 봐요
자연의 움직임 모두를 적어보낼 거예요

미명의 힘

새벽에 일어나
아직 가로등 불빛이 사라지지 않은
한적한 거리에 나갑니다
세상은 고요하게 잠들어 있고
드문드문 자동차 불빛들이
내 하루의 시작을 비춰줍니다

다시 새로 시작하는 각오로
다시 새로 태어나는 설렘으로
보다 명징한 의식으로 새날을 엽니다
괴롭고 지치고 복잡한 현실을
새벽빛으로 마알갛게 널어 말리면
한결 뽀송한 나날을 이어가겠지요

새벽빛은 언제나
힘차고 긍정적인 힘을 품고 있습니다
그로 인해 살아가는 이유가 유지됩니다

산은

멀리서 바라보나
가서 덥석 안기나
미더운 품속 같고
겉보기엔 묵묵하다
상처 가득한 여인
속으로만 앓듯
화농의 고통
혼자서 억누른다
일상의 번뇌
배낭에 가득 담아
무리 지어 다녀간 그들
쏟고 간 아픔의 무게
고스란히 견디고 섰다

낙엽의 번민

나의 낙하지점은 어떤 곳이 될까
누구의 발길도 닿지 않는
깊은 숲이어도 쓸쓸한 일이겠지만
비바람과 흙먼지에 만신창이 되고
무수한 발길에 채이고 밟힐 곳의 착지는
전 생애를 통틀어 가장 슬픈 역사의 시작

내 선배가 그랬듯이 아직은 싸늘한 이른 봄에
든든한 몸통의 틈새를 비집고 희망을 밀어 올렸을 때
자유 따위에는 관심조차 없었다 치더라도
나풀나풀 그것은 갈망의 다른 표현이긴 했다

청춘으로 충만한 여름날의 감동을 생각한다면
어느 곳에 내리더라도 미련 없는 생애이겠거늘
그래도 내 마지막 염원은 소녀의 책갈피에서
감성 깊은 영면에 들 수만 있다면
아니, 아집과 오만의 발길에 짓밟히고 구르다가
어느 한적한 길목에 미이라로 눕지만 않았으면

바담풍 훈장 · 2

주식씨는 일찍 술을 배우고 종내는 술을 주식으로 삼은 탓에 이름이 주식이다. 말수 적은 그는 술을 마셔야 자신의 존재를 드러냈다. 술을 마셔야 웃기도 했다, 농담도 했다. 술 때문에 출근을 못하는 때도 있었다. 술 때문에 외박을 하는 일은 다반사였다. 술 때문에 시원찮은 벌이로 살림살이는 지지리도 궁상스러움에도 주식씨의 집엔 언제나 술병은 부자였다. 단칸방 월세를 살 때도 그랬고 아이가 태어나고, 또 태어나고, 그 아이들이 학교에 다녀도 술병은 여전히 뒹굴었다. 아내의 신뢰도 불신의 덩어리로 덩달아 뒹굴었다. 귀가 때 주식씨의 손에 들린 것도 오로지 술병이었다. 날마다 그랬다. 빈손으로 오는 법이 없었다. 아이 간식비는 아까워도 술값은 아끼지 않았다.

어느 날 아이가 숙제를 해놓은 것을 보고 아내가 혼절했다. '아버지, 하면 떠오르는 것이 무엇이냐?'라는 물음에 아이는 '소주'라고 큼지막하게 적어 넣었던 것이다. 애비인 주식씨는 그저 씩… 웃었을 뿐 음주 습관은 여전했다. 재활용 박스에는 소주병이 차곡차곡 쌓였다. 탑이 되고도 남을 터였다. 아내의 절망은 더 차곡차곡 쌓였다. 가장인 주식씨는 빈 술병 팔아서 부자가 될 거라고 했다. 농담 같지도 않은 농담을 해놓고 스스로도 기가 찬지 혼자 키득키득 웃었다. 주식씨 아내는 미간에 깊은 주름을 만들며 남편을 한심한 눈으로 째려봤다.

아이들이 컸다. 그 중 하나가 애비를 닮았다. 무위도식하며 술을 주식으로 삼는 날이 많다. 애비 장가들던 때의 나이보다 더 먹어버린 아들이 술에 절어 건들대는 꼴을 주식씨가 봤다. 주식씨는 술 한 잔을 따라 마시고 고함을 질렀다. '이눔아! 날마다 술 처먹고 자알 하는 짓이다.' 분이 턱에 차는지 이번엔 병나발을 불고는 병 밑동이 깨지도록 상을 탁 치며 고래고래 소릴 질렀다. '도대체 니눔이 뭐가 될라고 날마다 그따구로 술처먹고 지랄이여!' 꼴에 애비라고 꾸지람을 하는 셈이었다. 서로의 불만이 골을 깊이 파고 술병은 높이 쌓인다. 아내의 인생에는 포기가 점점 점점 쌓이는데 주식씨의 반성은 시작점 찍을 기미도 안 보인다.

인체 자연발화

이럴 줄 알았으면 참지 말 걸 그랬지
하고 싶은 말, 해야 할 말
뱉어내며 살 걸 소리치며 살 걸
내면의 발화물질 생성은 생각도 못하고
미덕인 줄 알고 참기만 했었지

조금씩 쌓이던 화가 안으로부터
내 몸을 야금야금 불태울 때 차라리
억울함도 슬픔도 함께 태우기나 할 것이지
결국에는 무섭게 폭발하고 말 거면서

내가 세상의 언덕을 뛰어넘지 못했듯이
내 삶을 이해 못하는 사람들은
내 육신의 자연발화를 짐작할 리 없지
인내를 강요했던 스스로의 어리석음이
불씨를 만들고 있었다는 기가 막힌 사실을

7부
바람의 각도

두문불출

문득 정신 차려보니 세상은 등 뒤에 있구나
기만과 사탕발림으로 길게 늘어져
뱀의 그것처럼 소름 끼치게 너울대던 혀, 혀
세상의 긴 혓바닥을 당겨 버리고 싶은 충동
홀로 숨는 것으로 억제를 대신했다

그들과 어울리며 입었던 의복을 벗어내고
나만의 비밀스런 옷을 걸치기 시작하자
세상은 빠르게 단절이란 장신구를 달아주는구나
주렁주렁 게으른 자유가 엿가락으로 늘어지며
흐물흐물 나락으로, 깊은 나락으로 빠져든다

열림과의 타협이 힘겨웠기에
거부의 몸짓은 얼마나 자연스러운가
홀로 된 자신과 긴 이야기 나누어도
나무껍데기로 딱딱해진 결단력의 부재뿐
결론이 없기에 희망마저 소멸되고 만다
벌레처럼 엎드려 숨죽인 나날
감당 못할 나태의 밧줄에 묶인 채
본능적인 최소한의 동작조차 버거워

이러한 날엔 현관문 나서기가 서울 가기보다 멀다

일몰

힘든 산행 마치고 하산하는데
갈참나무 가지에 해가 핏빛이다
강행군으로 하루를 태우더니
존재의 상실이 서러워 각혈을 했나보다
가는 곳도 상심의 바다인지
그대 타버린 모습으로 서산에 걸렸다

내가 걸음마다 근심을 묻어버리고
기쁨과 희열을 앞세워 산을 내려오듯이
너도 울분 있거든 갈참나무 가지에 걸어두어라
다 버리고 가벼이 가거라
가벼워진 어깨로 춤추며 가거라
버리고 잊고 오직 휴식하다가
다시 올 때는 마알간 얼굴을 약속하라
찬란한 빛으로 여명을 앞세워 오라

노래방 도우미

쿵짝이 잘 맞는 녀석과 노래방엘 갔고,
도우미를 불렀더니 젊은 아지매 둘이 들어왔다
우럭회로 걸판지게 한 잔씩 땡기고
삼겹살로 또 들이붓고
2차였거나 3차였거나 아님 그 이상인지

취기 만땅
술이 시키는 대로 한 손으론 마이크 잡고
한 손은 도우미의 작은 몸 오르락내리락
본능적으로 여자의 가슴에 손을 넣었는데
가슴이 울고 있었다

어쩐지 크다 싶더니 줄줄 젖이 흐르는 중이었다
그 여자, 젖보다 더 굵은 눈물 줄기 쏟으며
사연을 털어놓기 시작했다

둘째 아이 낳은 지 얼마 안 됐어요
남편의 실직이 오래 가네요
다달이 들어가는 공과금이랑 생활비를 어떡해요
분유 살 돈도 없어 모유를 먹이거든요
아기 젖 먹일 시간 다 됐어요

울고 있을지도 모르겠어요
노점에서 장사도 해봤는데 안 되더군요
눈이 울고 가슴이 우는 여자
눈물이 연기는 아니지 싶었다

주머니 털어 집히는 대로 쥐여 주고
노래방을 나오고 말았다
산발한 담배 연기에
그녀의 공허한 눈동자가 흐려졌다
저녁 내내 마신 술은 이미 확 깨고
돌아보니 노래방 불빛이 흐물거렸다

달관한 시지프스

시간마다 힘겹게 밀어 올리는 삶의 바위
오르는 길이 수직뿐이었을까
역산된 허니문 베이비의 시신을 두고
그래도 아들은 낫으로 탯줄을 잘라야 하느니라
나뭇단에서 빼온 녹슨 낫을 드시던 어머님
그 무지몽매한 행동에 기겁했던 악몽은
내 사랑의 첫 열매를 무참히 앗아간 그 환경,
첩첩산중을 떠나와서도 문득문득 기막히게 했는데
형벌이 시작되고 있었나 보다
내가 어리석기 짝이 없음을 감안한다면
아마도 나의 전생을 살다 간 어느 존재가
신을 기만해가며 교활하게 살았던 건 아닐지

나는 정점이 목적은 아니었다, 그저
작은 행복만을 꿈꾸며 살아내고 있었다
비누 값도 아까워 맹물에 낯을 씻고
빈곤의 껍질로 지은 가장 허름한 의복으로
겨우 나신만을 가리고 살았다
오기로 밀어 올리는 바위가
두어 바퀴만 구르면 작은 목적을 달성할 그날
허니문 베이비가 어미를 떠나던 날처럼
아스팔트마저 녹이며 째지는 햇빛 속으로
계주의 자살 소식이 무겁게 걸어왔다

온 동네의 희망 다 긁어모아 살다가
사치의 절정에 다다라 죽어버린 계주
도착 직전의 바위를 매정하게 밀어버렸다

사는 동안 그보다 더한 일이 얼마였으랴
아이의 성장 퇴행, 가장의 오랜 병수발
종내는 막장까지 내몰린 자신의 굴레까지
불합리의 반복을 오래 겪어오는 동안
우직한 바위 굴리기는 이제 끝내고 싶다
무익한 노동에서 자유로워지련다
중간중간 꽃도 보고 향기도 맡으며
피할 수가 없는 일 즐기는 법 배우리

굴리던 바위에 걸터앉아 휘파람도 불리라

불면의 밤

자정이 지난지도 한참이 흘렀나 보다
든 버릇처럼 손가락 꼽아가며 세었던
뻐꾸기 울음 열두 번의 여운이 희미하다
어쩌자고 세월의 먼 길을 종종거리는 초침 소리는
낮 동안 허공을 찢어대던 전투기 소음보다 큰지

무심한 시간의 한 길을 걸으며 나누었던
이웃과 친구와 아는 이들과의 대화 중
바꿀 수 없는 내 처지로 인한 비교와 자책이
숫돌에서 갓 내려선 칼날처럼 푸르게 살아나
꿈길로 들어설 달콤한 잠의 자락을 잘라버린다

삼파장 형광등도 텔레비전 모니터도 컴퓨터도
아니 고통과 번민의 모든 살아있는 존재들까지
수면의 깊은 바다를 헤엄치고 있을 이 시간
베어진 잠의 조각들이 떠다니는 이 검은 공간에는
나의 못난 한숨소리만이 가을바람처럼 스산하다

간통죄가 없어지면

2015년 2월 26일
62년의 역사를 전설 속에 묻는다는데

쾌재를 부르는 소리 없는 함성
동방예의지국을 말없이 흔들겠다
이제 숨어들지 않아서 신나겠다고
허파에 슬금슬금 바람 불어넣겠다
돈되고시간되고끼가되는나리들
양복 깃에 착착 접어 숨겼던 단어들
의기양양 득의양양 슬금슬금 꺼내겠다

도덕이란 고상한 양반, 기가 꺾이면 큰일인데
기회 놓칠 리 없는 뻰뻰이들 헛기침소리 드높겠지
있으나 없으나 개의치 않은 대부분의 바른 이들
슬금슬금 호기심 발동하면 그야말로 걱정인데

어떠한 변화든 슬금슬금 일어서리니, 하여튼

바위, 오후 세 시의

출퇴근이 하루 두 번씩이던 어느 한때
오래 인내하지 않은 잠의 여신은
오후 세 시쯤이면 어김없이
바위문을 내려보냈다
눈두덩을 겨냥한 미세한 자동 설정

납품 기일의 전쟁 중에도
아차 순간의 부상에도 여신은
눈꺼풀을 까지껏 눌러댔다
세상에서 가장 빠른 새,
날렵하기 짝이 없는 눈 깜짝할 새가
날개를 접고 무력증에 빠지기 일쑤였다
학창시절 시험 기간보다 더 지독한,
아무리 들어 올려도 꿈쩍 않던 무게
지렛대도 무용지물이던
그 엄청난 힘의 바위문은
투잡을 버린 지 오래인 지금도
오후 세 시 무렵이면 가끔 내려온다
달라졌다면 자동이다가 수동이다가

바람의 각도

다시 바람이 인다
광풍이 반이고
허풍이 반이다
북적대는 시장에도 분다
혼잡한 도로에도 불고
가난한 골목에도 어김없이
선거 바람이 분다

뻣뻣하던 허리가 갑자기 유연해져
그들의 각도는 깍듯한 90도다
우리는 안다, 하나 같은
저 한시적 공손함
그 직각의 모서리에 도사린
오만과 위선의 위험에 대해서
저 90도의 꼭지에 찔리게 될
뒷날의 허무에 대해서
우리는 미리 다 알아버렸으니!

돌에 새긴 의지

영월 국제현대미술관에서 여름을 나고
김삿갓 박물관에 옮겨 가을을 보내는
순종적인가 싶지만 깐진 제목의 시 하나

받아들이기
– 운명에게
정소진

'그대의 마음이 태풍으로 불어오고
나는 바람을 온몸으로 맞는
열린 창의 커튼으로 서 있습니다'

운명과 맞짱뜨겠다는 엄포다

커튼은 저항 없이도 태풍을 이긴다
순응하는 척하다가 제자리로 돌아가는데
둥글게 또는 곧은 레일로 든든한 지지대가
부동의 벽에 박혀있기 때문

좌절 없는 의지와 옹골찬 인내를
세계적인 조각가 박찬갑 선생이
불변의 법칙으로 차돌에다 새겨두었으니
이를테면 불굴의 키보드에서

F4 키를 누질러 절대 주소($)로 굳힌 셈이다

내 인생의 좌우명으로는 딱인 것이다

귀밝이술

참되고 좋은 말이 길을 잃고 떠돈다
사람의 말이 사람의 귀에 들어가지 못하는 탓이다
인정에 귀 닫고 배려에 귀 닫고 도덕이며 도리며
바른 이야기엔 그저 빗장을 콱 질러버린 세상의 귀, 귀
나쁜 건 쉽게 배우는 이 나라 예비 주인들
죄의식을 배우기도 전 따라나 하고 있지

정월 대보름 아침을 여는 이명주 한 잔
마시고 효험을 봐야 할 귀는 참으로 많다
객관적이기에 앞서 솔직히 고백하자면
생의 언어가 이토록 어려운
나부터 마셔야 하지 않겠나
못 먹는 술이지만 거침없이 마셔야겠다
닫힌 귀들이 한마음으로 잔을 높이 올리고
머슴나리[5]의 진실한 건배 제의로
힘차게 간절하게 외쳤으면!
꽉꽉 막힌 말귀 확 틔워주었으면!

5) 머슴나리: 국민이 뽑아준 나라의 일꾼이면서 권력 행세에만 눈이 먼 그들을 비꼬는 지칭

선물

1.
가벼운 산행이 회복을 도운다고
병중이던 나에게 보내온 등산화와 배낭
처제! 고어텍스이니 안심하고 다니세요
고어텍스가 뭔데요?
밖의 물은 흡수하지 않고
안에서 생기는 땀은 배출하는 원단이지요
아하. 마음 안의 나쁜 생각은 내보내고
밖에 떠도는 무수한 악의 유혹에는
절대 문 열지 말라는 뜻이로구나!
고어텍스 같은 형부의 응원으로
병마는 산길마다 조금씩 묻었었다

2.
생일 축하한다는 다정한 인사와 함께
전무희 시인이 도자기 수저통을 건넸다
대전에서 대구까지 들고 오기도 무거웠을,
그 무게만큼 묵직한 말씀이 감동스러웠다
밥을 떠서 올리듯, 반찬을 집어 올리듯
시상을 끼니처럼 덜어 먹을 수 있게
수저통 가득 시심을 채우라고 했다
그 시적인 수저통엔 시심보다 먼저
관심과 사랑이 진국으로 채워졌다

이루어내기 힘든 사랑

– 돈에게

어른들과 한방을 쓰던 가난했던 어린 시절
담배 피우기가 어른들의 신명 나는 놀이 같았어요
연기로 여러 가지 묘기를 부렸거든요
폭폭 입 밖으로 던져지는 계란들
두둥실 구름 되어 허공을 가르는 묘술
필사적인 손놀림으로 잡아보려 했지만
번번이 손가락 사이로 도망치는 연기들

내 손을 빠져나간 담배연기의 실체는
부랑자처럼 온 동네를 떠돌다가 아침엔
수억 겹 신비의 입자로 뭉쳤지요
하이얀 안개 숲 헤치며 등교를 할 때마다

잡히지 않는 그것을 안고 싶었답니다
작은 두 팔을 한껏 벌렸다가 오므리면
간절히 품고 싶은 안개 대신에
가슴엔 엑스자로 엇갈린 두 팔만 남았지요

슬프게도 지금 당신과 나 사이가 그러하네요
간절한 소망의 입자가 연기처럼 흩어질지라도
내게도 간절히 초대하고 싶은 사모하는 당신
당신과 나는 손가락과 담배연기 같은 운명
나에게 당신은 가슴을 비켜가는 안개일 뿐이기에

다가갈수록 보이지도, 잡을 수도 없어요
아득한 곳의 당신이 이토록 그리워서
오늘도 나는 가슴 가득 짝사랑만 키우네요

봉와직염

그가 아프다
상처가 다만 손톱만 했던 다리가
온통 저녁답의 노을 밭이다
심심해서 딱지를 뗐다는데
억장 무너질 그 대답은 상징적 행위다
외로움을 뜯고 있었던 게다

푸르러야 할 청춘이 홀로 돌아서서
세상의 등줄기만 바라본 그때로부터
단절의 골짜기에서 주렁주렁 돌을 매단 분재처럼
슬프게도 마음의 기쁜 성장을 멈춰버렸고
삭막한 가슴 안엔 별이 돋듯 종기가 총총 돋아난다

농(膿)의 깊이만큼이나 깊은 공허를 쥐어뜯고
다시 외로움을 떼어내는 악순환의 연속에
짓무른 자아는 보호층마저 무너뜨리고 만다
폐쇄된 종양 안에서 다시 빗장을 지르는 고독
점점 깊숙이 침투하는 혼자라는 세균, 그 지독한

안개 낀 아침

세상이 사라졌다
밤새 나의 거실을 지켰을
하늘도 보이지 않는다

잠길조차 잃어버려
새벽녘에야 겨우
꿈의 언저리를 다녀왔는데
여명의 빛으로 와야 할
아침이 증발했다

그러나 숨지 마라
안개를 밀어내고 당당히 나서라
희미한 배신 따윈 무서워 마라
투명한 색깔의 삶이
나의 것이 될 것이다
안개 속 미로를 나가
빛을 마주하는 지혜
그 속에 내가 서게 될 것이니

언어의 신전을 건설해 스스로 신이 된 시지프스

김 순 진(문학평론가 · 고려대 시창작과정 교수)

언어의 신전을 건설해 스스로 신이 된 시지프스

김 순 진

정소진 시인과 나는 20여 년째 남매처럼 지낸다. 인터넷에서 만났지만 단 한 번도 다투거나 서로를 험담하지 않았고, 서로가 잘되기를 진심으로 빌어주며 살아왔다. 소진, 순진 어찌 보면 정말 남매 같은 이름이다. 우리는 먼저 네이버에서 공자로 제공해주는 홈페이지에서 만났다. 각자 자신의 홈페이지가 있었는데, 정소진 시인은 2001년 3월 11일 포털사이트 다음에 <생활의 샘터>라는 카페를 만들어 문학의 꿈을 키웠고, 나는 2002년 1월 14일에 지금의 한국스토리문인협회 전신인 <문학공원> 카페를 개설했으니, 둘은 함께 문학을 하는 친구이자 경쟁자였고, 서로에게 후견인이었다. 그렇게 둘은 이른바 회원을 거느린 활동에 돌입한 것이다. 그래서 서로의 카페에서 1년에 한두 번씩 정기모임을 하면 영등포역에서 만나 회포를 풀기도 했다.

카페가 활발하게 운영됨에 따라 나는 새로운 욕구에 직면하게 되었다. 등단하고 싶어 하는 회원들이 늘어나고, 책을 내고 싶은 사람들이나 작품을 발표하고 싶은 공간이 필요하게 된 것이다. 그래서 나는 다른 사람과 한 번의 실패를 딛고 스토리문학관과 손잡고 2004년 6월 <스토리문학>을 창간해서 지금에 이르고 있다. 그렇지만 정소진 시인은 지방인데다가 여성의 신분이었고, 또 직장생활을 하고 있었으므로 늘 내가 만들고 있는 <스토리문학>의 재정을 걱정해주며 지금까지 한 번도 정기구독을 빠뜨리지 않는 대단한 열정을 보여주었다.

그런데 내가 그녀에게 지금까지 관심을 보인 이유는 따로 있다. 전에 허일 시조시인께서 내게 해준 말이 있다. "시인이 인간성이 좋고 시가 좋으면 함께 활동하고 싶고, 인간성은 좋지만 시가 안 좋으면 만나고 싶지 않다."고 하셨는데, 나는 인간성 좋고 시 좋은 정소진 시인을 따라다녔다. 그녀의 문학세계가 좋아서다. 그녀는 보통의 시인들이 범접할 수 없는 페미니즘적 시세계를 구축하고 있기 때문이었다.

정소진 시인은 대한민국의 서민 여성이 겪는 체험을 글로 담아내는 시인이다. 그래서 그의 시에는 가족이 있고, 삶이 있고 여자의 아픔이 있다. 건강이야기가 들어있고, 가정사와 인간의 삶에 대한 고뇌가 들어있다. 따라서 나는 그녀의 시를 일컬어 "삶의 재료로 쌓은 언어의 신전"이라 말하고 싶다. 문학을 전공하지 않은 사람이, 그것도 문학을 업으로 삼지 않고 집에서 가까운 곳에 나가 직장생활을 하는 사람이 이렇게 완성도 높은 시를 쓸 수 있다는 것이 놀랍다. 이는 그녀가 문학에 대한 열정이 얼마나 크고 많은가, 지속적이고 끈질긴가를 단적으로 말해준다. 그녀는 지극히 여성적이고 소박하며 섬세한 심성을 가지고 있지만, 그녀의 시는 지극히 남성적이며, 대범하고 할 말을 하고야 마는 전문적 문학가의 기질을 지향한다. 그래서 그녀의 시편들을 읽노라면 흔히 일어나는 자연의 관조를 축약하고 서민들의 삶의 편린, 그리고 개인적인 내면의 승화에 이르기까지 다양한 소재들을 동원해서 마치 재미있는 소설책을 읽는 것처럼 재미를 제공해 독자로 하여금 눈을 떼지 못하게 한다.

그럼 이쯤에서 그녀의 시를 읽으면서 시세계를 음미해 보자.

첩첩산중에서 살던 나 얼레지는
그때 도시 나들이가 처음이었죠
낯선 세상, 심하게 멀미를 앓았어요
아예 넋을 놓고 다녔답니다
갑자기 나타난 사내가 손목을 잡아끌더군요
이글이글 타오르는 사내의 눈빛에서
뭔지 모를 위험을 인지했지만
우악스레 잡힌 손 빼기가 쉽지 않았어요
단순한 꾀를 생각해냈어요 속더라구요
자진해서 치마를 올리고 사내에게 애원했지요
"아저씨! 제발 바지 좀 내려 주세요"
발목까지 바지를 내리는 사내의 급한 손길은
마치 사냥감 시식 직전의 야수 같았어요
얼마나 죽을힘을 다해서 뛰었을까요
올린 치마 단단히 움켜쥔 것밖에 생각나지 않아요
정신 차려보니 내가 살던 원래의 산골이던 걸요
작은 소리에도 그날의 악몽이 살아나요
그래서 올린 치마 내리지도 못하겠는데
바람난 여인이라구요?

건달이 침을 뱉듯 말을 함부로 뱉으시네요
편견은 오해를 낳고 오해는 대상을 우습게 만들죠
동물적인 연상은 소유욕에 불을 지르나 봐요
봄만 되면 치마 속으로 카메라를 들이대는
그 상습적인 음흉스런 눈길 거두어 가라니까요
연상을 하려거든 비상하는 새 정도는 떠올려 주시지!
그래요 나의 미모를 질투하는 거라면 용서할게요

– 「얼레지, 인터넷 유머로 해명하다」 전문

이 시는 <스토리문학> 2009년 9월호에 발표해 좋은 반향을 일으켰던 시다. 얼레지는 제비꽃과 유사하게 생긴 꽃으로 우리나라 전역의 산중에 분포하고 있는 꽃이다. 그런데 꽃말이 참 재미있다. '바람난 여인'이 꽃말이다. 정소진 시인은 여기에서 이런 시를 착안한 것 같다. 얼레지의 설화를 이야기하는 듯하다. 많은 시인들이 꽃들의 설화를 이야기 했다. 박규리 시인이 「치자꽃 설화」를 썼고 김하영 시인이 「바다의 설화」를 썼으며 많은 시인들이 설화를 시 속에 패러디하거나 인유하고 있다. 얼레지꽃이 등산객에 이끌려 붙들려가게 될 뻔 했는데, 자진해서 치마를 내리고, 사내에게 바지를 내리라고 했다는 상상은 상상을 뛰어넘어 시인의 기지로 보인다. 자칫 저속하게 들리기 쉬운 장면을 효과적이고 적절한 내용으로 이미저리처리를 함으로써 저속하지 않게 시를 이끌어나간다. 수많은 등산객들이 "봄만 되면 치마 속으로 카메라를 들이대는" 현상을 한 여자의 미모에 따른 질투로 판단하고 용서하는 관용도 시를 설화답게 하는 스토리시의 표본이라 할 수 있다. 이 시는 '치마는 올리고 바지는 내리고'라는 인터넷 유머에 나오는 치한 퇴치에 대한 깜찍한 대처법에다가 꽃말을 접목해서 스토리를 구성한 시다. 인터넷에는 치한을 만난 여자가 여학생이기도 하고 수녀님이기도 하지만 이 시에서는 첩첩산중에서 살던 '얼레지'라는 산골처녀가 주인공이다. 첫 도시 나들이에서 재수 없게 치한을 만났지만 슬기롭게 꾀를 써서 위기를 모면했다는 가상현실이 재미있다. 꽃모양이 치마를 홀라당 까뒤집은 것 같은지에 대한 이유를 상상해본 것이기도 하다. 유머의 핵심은 '발목까지 바지를 내린 남자와 시원스레 치마를 걷어 올린 여자가 달리기를 하면 누가 더 빠를까'에 있다. 시의 종반부에 나오는 '질투'라는 말은 '얼레지'의 또 다른 꽃말에 대해서 묘사한 것으로 웃음을 자아나게 한다.

쿵짝이 잘 맞는 녀석과 노래방엘 갔고,
도우미를 불렀더니 젊은 아지매 둘이 들어왔다
우럭회로 걸판지게 한 잔씩 땡기고
삼겹살로 또 들이붓고
2차였거나 3차였거나 아님 그 이상인지

취기 만땅
술이 시키는 대로 한 손으론 마이크 잡고
한 손은 도우미의 작은 몸 오르락내리락
본능적으로 여자의 가슴에 손을 넣었는데
가슴이 울고 있었다

어쩐지 크다 싶더니 줄줄 젖이 흐르는 중이었다
그 여자, 젖보다 더 굵은 눈물 줄기 쏟으며

사연을 털어놓기 시작했다

둘째 아이 낳은 지 얼마 안 됐어요
남편의 실직이 오래 가네요
다달이 들어가는 공과금이랑 생활비를 어떡해요
분유 살 돈도 없어 모유를 먹이거든요
아기 젖 먹일 시간 다 됐어요

울고 있을지도 모르겠어요
노점에서 장사도 해봤는데 안 되더군요
눈이 울고 가슴이 우는 여자
눈물이 연기는 아니지 싶었다

주머니 털어 집히는 대로 쥐어 주고
노래방을 나오고 말았다
산발한 담배 연기에
그녀의 공허한 눈동자가 흐려졌다
저녁 내내 마신 술은 이미 확 깨고
돌아보니 노래방 불빛이 흐물거렸다

– 「노래방 도우미」 전문

이 시는 우리나라의 밤문화를 단적으로 보여주는 가슴 아픈 시다. 나도 가끔 노래방에 간다. 친구와 만나 술이 한 잔 얼큰해지면 노래방에 가게 되고, 도우미를 불러 만 원자리 몇 개를 얹어 그녀들의 가슴을 탐한다. 세상이 어찌된 판인지 성추행이다 뭐다 해서 남자들의 성적 탈출을 허용하지 않는 상황에서 애꿎은 여인들만 희생양이 되고 있는 형국이다. 젓가락장단을 두드리던 전통적 술집인 니

나노집이 없어지고, 쇼를 관람하며 술을 마시던 스탠드바도 없어졌다. 청량리 오팔팔이다, 미아리 텍사스촌이다, 용주골이다 하는 성매매업소는 사라져서 미관상 좋아졌지만, 성을 살 수 없음으로 인한 일반여성들의 피해는 날로 심화되어가고 있다. 군인과 미혼남성과 홀아비들의 성(性)풀이의 대상이 노래방으로 몰리고 있는 것이다. 도우미가 없는 노래방은 영업이 되지 않는다고 하니 얼마나 심각한 일인가? 7,80년대에는 2층과 반지하는 모두 공장이었다. 인형공장과 봉제공장, 조립공장들이 넘쳐났다. 그래서 모퉁이를 돌아가는 전봇대와 조금이라도 공간이 나는 벽면에는 모두 미싱사, 시다 모집, 조립공 모집 광고가 붙어 있었다. 그리고 꼭 직장에 다니지 않아도 주부들은 부업거리를 가져다가 아이를 기르면서 부업을 해서 아이들의 분유값, 학원비를 벌었다. 그런데 요즘 주부들은 집 근처에 작은 공장들이 없으니 돈을 벌 방법이 없다. 그러니 결국 식당에 가서 서빙을 하거나, 노래방 도우미를 자처할 수밖에 없는 것이다. 우리의 여동생과 아내가 그렇게 노래방으로 몰려들고 있는 것을 정부는 왜 모르는 척 하고 있는 것일까? 아이가 울고 있을 지도 모르겠다며 남편의 실직으로 인한 생활고를 어떻게 해서라도 풀어나가려는 이 나라 주부들의 상황이 전쟁의 위협보다도 심각함을 정부는 정말 모르고 있는가? 젖이 불어서 나온 노래방 도우미가 그냥 짠하고 불쌍한 것이 아니라, 그렇게 할 수밖에 없는 상황으로 내몬 이 나라에 대하여 분노가 치밀어 오른다.

대중탕 욕조에 풍덩 잠겨서

숲들이 걸어 다니는 풍경을 본다
숲은 기이하게도 하나같이 삼각형이다
잉태와 출산의 본분으로 성스러울 저,
저 신비로 채워진 위대한 숲 그 위로
멋대로 발달한 우주 같은 구릉
이브의 원죄를 씻듯
쏴아 쏴 진지한 사포질을 보면
도덕을 밟고 서는 맹랑한 숲은 없어 보인다
세상을 뒤흔드는 사특한 바람 일으켜
원초적 음모로 세상을 휘젓고
권력과 부를 빨아들이는 블랙홀의 주인
그 존재에 대해서 궁금해 할 필요는 없다
보통의 숲처럼 세모났으되 다만
애초엔 물방울처럼 유순했을 둥근 사랑에
걸핏하면 질리게 날 세우고
기름 부어 은밀한 불길 치솟게 하는,
그 도도한 무기를
능력의 잣대로 삼는 것이 다를 뿐
일그러진 사랑이기 일쑤인 삼각구도의 연관성
근원적 모양이 그러했던 것이다

– 「삼각관계의 원천」

앞서 말한 바와 같이 정소진 시인은 지극히 여성스런 시인이지만, 그녀가 바라보는 시각은 지극히 문제적이며 반항적이다. 앞서 인용한 「얼레지, 인터넷 유머로 해명하다」가 그렇고 「노래방 도우미」가 그러하며 이 시 「삼각관계의 원천」 또한 감히 보통 여자라면 건드리지 못할 이브의 숲을 거론하면서도 당당하다. 자신을 포함한 많은 여자들이 목욕탕에 앉아서 사포질을 하면서 때를 밀고 있다. 삼각관계의 원천인 여인의 숲에서 그녀는 아담과 이브가 이 땅에 온 이후 여인들의 원죄를 읽는다. "도덕을 밟고 서는 맹랑한 숲은 없어 보인다"고 하는 그녀의 말은, 법 앞에서 주먹이 우선하듯, 사랑은 법 앞에 우선한다는 숭고한 진리로도 들린다. 그리고 모든 사랑은 아름답다고도 들린다. 근본적으로 사람이 사람을 사랑한다는 것은 죄가 될 수 없다. 법으로 너는 이 사람만을 사랑해야 한다고 가족관계등록부에 못 박아 놓았지만, 그래서 그걸 어기는 사람을 부정하다고 손가락질하지만, 인간의 가슴 속에는 누구나 한번쯤 아름다운 사랑을 하고 싶은 것이다. 그러므로 삼각의 숲을 지니고 있는 여성들은 모든 삼각관계가 나로부터 원천적으로 시작된다는 논리에 타당성이 있어 보인다. 아무튼, 여성 자신의 몸을 관찰하여 "저 신비로 채워진 위대한 숲 그 위로 / 멋대로 발달한 우주 같은 구릉"을 알아내고 그 숲을 이용해 "세상을 뒤흔드는 사특한 바람 일으켜 / 원초적 음모로 세상을 휘젓고 / 권력과 부를 빨아들이는 블랙홀의 주인"이 있다고 한들 "그 존재에 대해서 궁금해 할 필요는 없다"고 말하는 정소진 시인의 놀라운 시각과 "애초엔 물방울처럼 유순했을 둥근 사랑에" 대하여 "걸핏하면 질리게 날 세우고 / 기름 부어 은밀한 불길 치솟게 하는, / 그 도도한 무기를 / 능력의 잣대로 삼는" 이 더티한 세상을 꼬집는 정소진 시인은 어쩌면 여성인권운동가의 기질을 지녔다. 꼭 피켓을 들고 청와대나 국회 앞에 가서 시위를 해야만 운동은 아니다. 나의 논리를 보다 정연화하고 객관화해서 그렇게 살면 안 된다고 이렇게 시 속에 주장하는 것 또한 올바른 사회를 만드는 그 어떤 시민모임의 운동가들보다 더 활동적이다.

그러니까 그 양복 말쑥하게 차려입은 반백의 남자는
아들과 며느리 훈육시킨 자랑에 열을 올리는 중이었다
"야 이 시팔눔아 그렇게밖에 못해? 니가 그 모양이니
니 마누라도 똑같지. 이누무시키야 귀가 먹은 겨?
대답이 왜 이렇게 늦냐. 어라? 저 입 모양 보소
시방 욕했쟈? 이 새끼 봐라. 애비 앞에서 욕을 햐?
그러니 메누리도 시애빌 개코로 아는 겨."

이른바, 어른한테는 말을 공손하게 해야 한다는 교육부터
가족의 화목 문제까지 야무지게 타일렀다는 말씀이셨는데
옆에서 대답 없이 듣고만 있던 일행의 표정이 아주 묘했다
입만 열면 십 원짜리로 시작하는 그 남자의 이야기를 듣자 하니
자신을 포함해 자식 내외를 합친 가치가 10원도 결코 못돼보였다

듣는 사람은 민망했고 하는 사람은 거리낌 없이 당당했던
그날 바담풍 훈장의 일장 훈시가
경부선 무궁화 열차 4호 객실 전체를 울리고 있었다

— 「바담풍 훈장 · 1」 전문

주식씨는 일찍 술을 배우고 종내는 술을 주식으로 삼은 탓에 이름이 주식이다. 말수 적은 그는 술을 마셔야 자신의 존재를 드러냈다. 술을 마셔야 웃기도 했다, 농담도 했다. 술 때문에 출근을 못하는 때도 있었다. 술 때문에 외박을 하는 일은 다반사였다. 술 때문에 시원찮은 벌이로 살림살이는 지지리도 궁상스러움에도 주식씨의 집엔 언제나 술병은 부자

였다. 단칸방 월세를 살 때도 그랬고 아이가 태어나고, 또 태어나고, 그 아이들이 학교에 다녀도 술병은 여전히 뒹굴었다. 아내의 신뢰도 불신의 덩어리로 덩달아 뒹굴었다. 귀가 때 주식씨의 손에 들린 것도 오로지 술병이었다. 날마다 그랬다. 빈손으로 오는 법이 없었다. 아이 간식비는 아까워도 술값은 아끼지 않았다.

어느 날 아이가 숙제를 해놓은 것을 보고 아내가 혼절했다. '아버지, 하면 떠오르는 것이 무엇이냐?'라는 물음에 아이는 '소주'라고 큼지막하게 적어 넣었던 것이다. 애비인 주식씨는 그저 씩… 웃었을 뿐 음주 습관은 여전했다. 재활용 박스에는 소주병이 차곡차곡 쌓였다. 탑이 되고도 남을 터였다. 아내의 절망은 더 차곡차곡 쌓였다. 가장인 주식씨는 빈 술병 팔아서 부자가 될 거라고 했다. 농담 같지도 않은 농담을 해놓고 스스로도 기가 찬지 혼자 키득키득 웃었다. 주식씨 아내는 미간에 깊은 주름을 만들며 남편을 한심한 눈으로 째려봤다.

아이들이 컸다. 그 중 하나가 애비를 닮았다. 무위도식하며 술을 주식으로 삼는 날이 많다. 애비 장가들던 때의 나이보다 더 먹어버린 아들이 술에 절어 건들대는 꼴을 주식씨가 봤다. 주식씨는 술 한 잔을 따라 마시고 고함을 질렀다. '이 눔아! 날마다 술 처먹고 자알 하는 짓이다.' 분이 턱에 차는지 이번엔 병나발을 불고는 병 밑동이 깨지도록 상을 탁 치며 고래고래 소릴 질렀다. '도대체 니눔이 뭐가 될라고 날마다 그따구로 술처먹고 지랄이여!' 꼴에 애비라고 꾸지람을 하는 셈이었다. 서로의 불만이 골을 깊이 파고 술병은 높이 쌓인다. 아내의 인생에는 포기가 점점 점점 쌓이는데 주식씨의 반성은 시작점 찍을 기미도 안 보인다.

- 「바담풍 훈장 · 2」 전문

위에서 인용한 「바담풍 훈장 · 1」, 「바담풍 훈장 · 2」 두 편은 21세기의 대한민국을 살고 있는 두 남자들의 이야기다. 시가 좀 길어서 부분만 취하려 했다가 독자들의 이해를 위해 모두 인용한다. 「바담풍 훈장 · 1」 에서는 자기 입에는 욕을 달고 사는 초로의 중년 남자가 등장하고 「바담풍 훈장 · 2」 에서는 자신의 몸을 가누지 못하고 평생 술만 마셔온 남자의 아들이 또 그렇게 술의 폭력성과 DNA를 세습한다는 내용이다. 혀 짧은 훈장이 나는 '바담풍'할 테니까 너희들은 '바람풍'하라는 말인데, 아무리 '바람풍'을 가르치고 싶지만 훈장이 '바담풍'이라 말하면 배우는 사람은 '바담풍'이라 들을 수밖에 없는 것이다. 태국에서는 부모들이 도둑질을 가르친다고 한다. 도둑질을 하지 못하면 때리고, 그것도 못하느냐고 윽박지른다고 한다. 결국 그 아이는 커서 도둑놈이 될 수밖에 없다. 저는 욕으로 일관하고 술로 일관하면서 아이들이 잘되길 바라는 이 두 편의 시는 우리 남성들에게 경종을 울리는 시다. 우선 「바담풍 훈장 · 1」 을 살펴보자. 입만 열면 욕을 쏟아놓는 "양복 말쑥하게 차려입은 반백의 남자", 그가 아무리 가족을 바른 길로 훈육한들 그의 가족들이 그의 말을 들을 것 같지 않다. 그리고 그의 훈육담이 아무리 훌륭한들 욕지거리가 섞인 그의 말은 곧게 들리지 않는다. 같이 욕지거리를 하지 않고 그의 욕을 '10원짜리'로 슬기롭게 펼쳐나가는 정소진 시인의 언술에 나는 무릎을 친다. 다음 「바담풍 훈장 · 2」 를 읽어보자. 술이 아니면 말을 하지 못하고 술이 없으면 웃지도 않는 주식씨, 아이의 분유 값은 없어도 술을 먼저 사먹은 주식씨의 아이는 '아버지'하면 생각나는 것은 '소주'일 수밖에 없는 것이 현실이다. 그리고 결국 그 자식 중 하나가 아버지의 전철을 밟아 주정뱅이가 되었다는 이 시는 시가 가지는 여러 가지 기능 즉, 감상, 보존, 전달, 관찰, 상상, 성찰, 묘사, 고발 중 한 분야를 책임지는 시로써 단순히 시라기보다 남성의 독선에 경종을 울리며 고발하는 시도로써 여성의 비호하려는 의도가 엿보인다.

시간마다 힘겹게 밀어 올리는 삶의 바위
오르는 길이 수직뿐이었을까
역산된 허니문 베이비의 시신을 두고
그래도 아들은 낫으로 탯줄을 잘라야 하느니라
나뭇단에서 빼온 녹슨 낫을 드시던 어머님
그 무지몽매한 행동에 기겁했던 악몽은
내 사랑의 첫 열매를 무참히 앗아간 그 환경,
첩첩산중을 떠나와서도 문득문득 기막히게 했는데
형벌이 시작되고 있었나 보다
내가 어리석기 짝이 없음을 감안한다면
아마도 나의 전생을 살다 간 어느 존재가
신을 기만해가며 교활하게 살았던 건 아닐지

나는 정점이 목적은 아니었다, 그저
작은 행복만을 꿈꾸며 살아내고 있었다
비누 값도 아까워 맹물에 낯을 씻고
빈곤의 껍질로 지은 가장 허름한 의복으로
겨우 나신만을 가리고 살았다
오기로 밀어 올리는 바위가
두어 바퀴만 구르면 작은 목적을 달성할 그날

허니문 베이비가 어미를 떠나던 날처럼
아스팔트마저 녹이며 쨰지는 햇빛 속으로
계주의 자살 소식이 무겁게 걸어왔다
온 동네의 희망 다 긁어모아 살다가
사치의 절정에 다다라 죽어버린 계주
도착 직전의 바위를 매정하게 밀어버렸다

사는 동안 그보다 더한 일이 얼마였으랴
아이의 성장 퇴행, 가장의 오랜 병수발
종내는 막장까지 내몰린 자신의 굴레까지
불합리의 반복을 오래 겪어오는 동안
우직한 바위 굴리기는 이제 끝내고 싶다
무익한 노동에서 자유로워지련다
중간중간 꽃도 보고 향기도 맡으며
피할 수가 없는 일 즐기는 법 배우리

굴리던 바위에 걸터앉아 휘파람도 불리라

– 「달관한 시지프스」 전문

시지프스는 신의 버림을 받고 끊임없이 돌을 밀어 올려야 하는 영원한 형벌을 받은 존재다. 여기서 잠시 그리스 로마신화를 살펴보자. 네이버 지식인의 검색을 해보니 "시지프스는 바람의 신인 아이올로스와 그리스인의 시조인 헬렌 사이에서 태어났다. 호머가 전하는 바에 따르면 시지프스는 '인간 중에서 가장 현명하고 신중한 사람'이었다고 한다. 그러나 신들의 편에서 보면, 엿듣기 좋아하고 입이 싸고 교활할 뿐 아니라, 특히나 신들을 우습게 여긴다는 점에서 심히 마뜩찮은 인간으로 일찍이 낙인찍힌 존재였다. 도둑질 잘하기로 유명한 전령신 헤르메스는 태어난 바로 그날 저녁에 강보를 빠져나가 이복형인 아폴론의 소를 훔쳤다. 그는 떡갈나무 껍질로 소의 발을 감싸고, 소의 꼬리에다가는 싸리 빗자루를 매달아 땅바닥에 끌리게 함으로써 소의 발자국을 감쪽같이 지웠다. 그리고는 시치미를 뚝 떼고 자신이 태어난 동굴 속의 강보로 돌아가 아무것도 모르는 갓난아기 행세를 했다. 그런데 헤르메스의 이 완전 범죄를 망쳐 놓은 인간이 있었으니 바로 시지프스였다. 아폴론이 자신의 소가 없어진 것을 알고 이리저리 찾아다니자 시지프스가 범인은 바로 헤르메스임을 일러바쳤던 것이다. 아폴론은 헤르메스의 도둑질을 제우스에게 고발하였고 이 일로 시지프스는 범행의 당사자인 헤르메스뿐만 아니라 제우스의 눈총까지 받게 되었다. 도둑질이거나 말거나 여하튼 신들의 일에 감히 인간이 끼어든 게 주제넘게 여겨졌던 것이다."[6]라 설명하고 있다.

시지프스처럼 인간이란 각기 무거운 삶의 짐을 밀어 올려야만 하는 형벌을 받았다. 특별히 여자의 신분은 더욱 그렇다. 아이를 낳아야 하고 길러야 하며, 끊임없이 밥상을 차려야 한다. 그러면서 정소진 시인처럼 직장까지 나가서 돈도 벌어야 한다. 그러다가 정소진 시인은 급기야 유방암까지 얻게 되지만 특유의 긍정적 마인드로 암을 이겨내고 있다. 그래서 정소진 시인은 시지프스의 형벌을 받은 것이란 생각을 하게 된다. 너무 인간적인 나머지 신의 형벌을 받아 암에 걸리게 된 것이란 것을 패러독스로 말하

6) 네이버 지식IN - 오픈백과에서

고 있는 것이다. 정말 절묘한 역설이다.

정소진 시인은 "비누 값도 아까워 맹물에 낯을 씻고 / 빈곤의 껍질로 지은 가장 허름한 의복으로 / 겨우 나신만을 가리고 살았"지만 그에게 돌아오는 것은 어렵살이 공장에 다니며 부은 곗돈을 탈 무렵에 생긴 계주의 자살이었다. "오기로 밀어 올리는 바위가 / 두어 바퀴만 구르면 작은 목적을 달성할 그날" 몇몇 사람들이 모여서 하던 계를 타게 되는 날이 불과 2개월 앞이었는데, 그만 계주가 자살을 하게 된 것이다. 그러니 정소진 시인은 허탈하다 못해 "그래, 없으면 말지. 아니면 말지. 내 돈이 아닌 모양이지." 라며 달관한 시지프스 같은 행동을 보여야만 했을 것이다. 그래서 그의 머릿속에는 "우직한 바위 굴리기는 이제 끝내고 싶"었을 것이다. "무익한 노동에서 자유로워지"고 싶었을 것이다. "중간중간 꽃도 보고 향기도 맡으며 / 피할 수가 없는 일 즐기는 법 배우"고 싶었을 것이다. 그러나 어쩌랴, 벌어야만 하는 상황을. 정소진 시인은 결국 스스로 무익한 노동에서 자유롭지 못하고 시지프스의 형벌을 내려놓지 못하고, 병원신세를 져야만 했다. 그리고 병원에서 있던 몇 개월간의 호사(?)를 뒤로하고 또다시 일터로 돌아갔다.

한 달 조산에다가 역산(逆産)으로 나오던 아기가, 그것도 허니문 베이비였는데 역산도 발부터 나오는 역산이 아니라 탯줄부터 나오는 아주 위험한 역산이라고 정소진 시인은 내게 귀띔한다.

그러다가 도시로 분가를 했는데 노력해도 안 되는 것이 있더라고 정소진 시인은 전한다. 어려운 생활 중에도 아끼며 저축했는데, 그 당시엔 은행 저축보다 계를 붓는 일이 많았다. 계는 보통 12명이 한 계좌로 이루어지는데 목돈 금액을 정해놓고 1번부터 12번까지 번호를 정한다. 돈이 급한 사람은 월 불입금이 많더라도 앞 번호를 받아서 일찍 목돈을 타고 급하지 않은 사람은 뒷번호를 받는데 곗돈은 총 13개월을 붓게 된다. 계주 몫으로 한 번 더 붓는 것이. 12번이 목돈은 늦게 타는 대신 불입금이 가장 적다. 그래서 정소진 시인은 뒷번호라 위험부담은 있지만 돈이 적게 들어가는 12번을 택했는데 10번까지 곗돈을 태워주고는 계주가 자살하는 사건이 발생했던 것이다. '두어 바퀴만 구르면 작은 목적을 달성할' 그 일이 목돈 탈 때를 두 달 남겨놓았을 여름이었다. 허니문 베이비가 빛도 못 보고 세상을 떠나던 그날처럼 째지도록 강렬한 햇볕 속으로 그 소식을 가지고 언니가 왔었으니 얼마나 허탈했었겠는가? 그런 저런 일들을 견디며 살아왔으니 그만하면 정소진 시인은 달관한 시지프스가 아닌가?

영월 국제현대미술관에서 여름을 나고
김삿갓 박물관에 옮겨 가을을 보내는
순종적인가 싶지만 깐진 제목의 시 하나

받아들이기
- 운명에게

정소진

'그대의 마음이 태풍으로 불어오고
나는 바람을 온몸으로 맞는
열린 창의 커튼으로 서 있습니다'

운명과 맞짱뜨겠다는 엄포다

커튼은 저항 없이도 태풍을 이긴다
순응하는 척하다가 제자리로 돌아가는데
둥글게 또는 곧은 레일로 든든한 지지대가
부동의 벽에 박혀있기 때문

좌절 없는 의지와 옹골찬 인내를
세계적인 조각가 박찬갑 선생이
불변의 법칙으로 차돌에다 새겨두었으니
이를테면 불굴의 키보드에서
F4 키를 누질러 절대 주소($)로 굳힌 셈이다

내 인생의 좌우명으로는 딱인 것이다

- 「돌에 새긴 의지」 전문

나는 몇 년 전 시섬문인협회 회장을 지냈다. 시섬문인협회는 대중가요 「모닥불」의 작사가로 유명한 박건호 시인께서 평소 운영하던 모임인 포엠아일랜드, 우리말로 시섬의 후신이었다. 박건호 선생은 내가 발행하는 스토리문학의 2대 주간을 맡아 수고해주시던 분이다. 그런데 그가 갑자기 연세대병원에서 입원 중 약을 먹다가 사리가 들려 기가 넘어 사망하는 사고가 발생했다. 아무런 준비가 없던 중 회원들은 만장일치로 나를 회장으로 선출했다. 그래서 그때 영월의 국제현대미술관과 시섬문인협회가 자매결연을 맺고 돌에 시를 새겨 전시하는 돌조각전시회를 개최하기에 이르렀는데, 정소진 시인도 이에 참여했고, 그때 돌에 새긴 정소진 시인의 시는 「받아들이기 - 운명에게」라는 제목의 짧은 시였다. 그리고 「돌에 새긴 의지」라는 시는 그 시를 넣어 자신의 감회를 보충한 시다. 그때 나는 두 편의 시를 참여했는데, 아직도 사무실에는 옥수수」와 「가을 다람쥐」라는 시가 진열장에 전시돼 있다. 돌에 새긴 의지의 시를 읽어보자. "그대의 마음이 태풍으로 불어오고 / 나는 바람을 온몸으로 맞는 / 열린 창의 커튼으로 서 있습니다"라는 게 시의 전문이다. 여기서 그대는 누구인가? 생활과 건강, 금전과 음식까지 나를 흔드는 모든 것의 총칭이다. 내게 어떤 바람이 불어와도 나는 그 바람을 외면하지 않고 "열린 창의 커튼으로 서있"겠다는 의지의 표현이다. 그녀가 그런 의지로 살았으므로 지금 이렇게 완성도 높고 가슴을 후비는 시를 쓰고 있는 것이다.

1.
가벼운 산행이 회복을 도운다고
병중이던 나에게 보내온 등산화와 배낭
처제! 고어텍스이니 안심하고 다니세요
고어텍스가 뭔데요?
밖의 물은 흡수하지 않고
안에서 생기는 땀은 배출하는 원단이지요
아하. 마음 안의 나쁜 생각은 내보내고
밖에 떠도는 무수한 악의 유혹에는
절대 문 열지 말라는 뜻이로구나!
고어텍스 같은 형부의 응원으로
병마는 산길마다 조금씩 묻었었다

2.
생일 축하한다는 다정한 인사와 함께
전무희 시인이 도자기 수저통을 건넸다
대전에서 대구까지 들고 오기도 무거웠을,
그 무게만큼 묵직한 말씀이 감동스러웠다
밥을 떠서 올리듯, 반찬을 집어 올리듯
시상을 끼니처럼 덜어 먹을 수 있게
수저통 가득 시심을 채우라고 했다
그 시적인 수저통엔 시심보다 먼저
관심과 사랑이 진국으로 채워졌다

- 「선물」 전문

선물은 마음에서 우러나야 감동스럽다. 받는 사람의 상황을 이해하고 그 사람에게 맞는 선물을 해야 받는 사람이 감동한다. 병마와 싸우고 있는 정소진 시인에게 그의 형부가 전해준 등산화와 등산복, 배낭은 그 어떤 선물보다 최고의 선물이었을 게다. 스스로 회복하라는 격려, 그것은 어떤 말보다 용기 있게 다가왔을 것 같다. 전무희 시인이 생일선물로 건넨 수저통도 그렇다. 사람마다 느낌이 다를 수 있겠다만 아픔 뒤의 수저통은 아마도 앞으로 무수히 남아 있을 밥 먹을 날들을 스스로 챙기라는 의미였을 것 같다. 그러니 아픔이 있던 정소진 시인에게는 정말 소중한 선물로 느껴졌을 것 같다. 그런 걸 보면 나는 정소진 시인에게 '무얼 선물했나' 되돌아봐지며 조금 부끄럽다. 그저 경조사가 있을 때 서로 마음을 전하는 정도였으니 말이다. "그래 내, 이번만큼은 평생 잊지 못할 선물을 해야지."란 생각이 떠오른다. 정소진 시인의 마음에 쏙 드는 최고의 시집을 만들어서 평생 잊지 못하게 해야겠다는 생각이 든다. 그녀는 그 어려운 삶 중에서도 13년 동안 정기구독을 빠뜨리지 않고 해주었고, 내가 잘되기만을 진심으로 바란 누나다. 지금 나는 내가 첫 시집을 냈을 때보다 더욱 기쁘다.

이상에서 본 바와 같이 정소진의 시는 동호인 수준, 기호인 수준, 그냥 취미로 하는 수준의 시적 완성도를 훨씬 뛰어넘어 쓰이고 있다. 따라서 그녀의 시는 문을 열면 만나는 이웃집 아저씨 아줌마들에게는 좀 어렵다. 삶의 본질을 천착하고 있어서, 여성의 본질을 페미니즘의 시각으로 고발하고 있어서, 단순히 시인은 감상을 먹고사는 사람이란 개념을 가진 사람들에게는 제대로 읽혀지기 어렵다. 대단한 비유도 상징도 포함하지 않은 그녀의 시지만, 역설과 아이러니를 동반하고 있어 일반인들이 소화하기엔 어렵다. 우리의 현실에는 수많은 권력의 양상이 나타나고 소멸한다. 서민의 삶에 지속적이고 전면적인 영향을 끼치는 권력의 양상들은 우리 현대시가 관심을 기울여온 문제의 하나인데, 정소진의 시는 우리 삶 속에 편만해 있는 사회적 권력의 폭력성에 대하여 우회적으로 저항한다. 이를 테면 그녀가 쓰고 있는 일련의 시들 「노래방 도우미', 「삼각관계의 원천」, 「바담풍 훈장 1」, 「바담풍 훈장 2」, 「달관한 시지프스」 등은 사회적 폭력이 남긴 현시대의 노획물로 정소진 시인은 그 환부를 드러내고 그에 대한 치유의 상상력을 발휘함으로써 부당의 권력에 숨겨진 속내를 폭로하고 야유하려 하는 것이다. 따라서 정소진 시인의 이런 시들은 평론가들이 읽고 논평해야만 마땅하다. 적어도 등단 10년차 이상의 시인들이라면 이토록 서민들의 아픔을 폭로하고 치유하려 하는 시를 써낸 그녀에게 한 마디씩 마음을 담은 촌평이라도 날려야 한다는 것이 나의 생각이다.

갈현동에 살 때 김지연 소설가의 심부름을 하던 아가씨가 우체국에 가서 책을 부치던 광경을 목격하고 평생 그 꿈을 실현시키기 위해 가시밭길을 헤쳐 왔던 정소진 시인의 이 시집이 나오게 되면 현재 한국소설가협회 회장을 맡고 계신 김지연 소설가께 가장 먼저 드려야겠다.

국립중앙도서관 출판예정도서목록(CIP)

이 도서의 국립중앙도서관 출판예정도서목록(CIP)은 서지정보유통지원시스템 홈페이지(http://seoji.nl.go.kr)와 국가자료공동목록시스템(http://www.nl.go.kr/kolisnet)에서 이용하실 수 있습니다.

(CIP제어번호 : CIP2016026191)

정소진 시집
달관한 시지프스

초판인쇄일 2016년 11월 10일
초판발행일 2016년 11월 15일

지은이 : 정소진
발행인 : 김순진
편집장 : 전하라
디자인 : 김초롱
펴낸곳 : 문학공원
등　록 : 2004년 3월 9일 제6-706호
주　소 : (우편번호 03382) 서울 은평구 통일로 633
녹번오피스텔 501호 스토리문학사
전　화 : 02-2234-1666
팩　스 : 02-2236-1666
홈페이지 : http://cafe.daum.net/yob51
이메일 : 4615562@hanmail.net

※ 책값은 뒤표지에 있습니다.
※ 저자와의 협의에 의해 인지는 생략합니다.
※ 이 시집은 『전라북도문예진흥기금』을 지원받아 출판되었습니다.